1
2014
（总第2期）

中译外研究

Research on Translations from Chinese

主编 王铭玉
主办 中央文献翻译研究基地

中央编译出版社
CCTP Central Compilation & Translation Press

顾问委员会

贾高健、黄友义、修　刚

编审委员会

主　　任：王克非

委　　员（按姓氏笔画排序）：

王学东、王铭玉、王宏印、王东风、许　钧、杨　平、陈大亮、陈　伟、赵彦春、黄忠廉、谢天振、魏晋惠

主　　编：王铭玉

副 主 编：陈大亮

执行编辑：朱　华

目 录

文献翻译

《2012 年政府工作报告》英译本的读者意识

天津外国语大学中央文献翻译研究基地　陈大亮

【摘要】《2012 年政府工作报告》的英译本内容忠实可信，信息准确到位，语言地道自然，堪称信息型文本的典范。文章重点从读者接受角度研究了英译本的翻译效果，译文符合目标语读者的语言规范，可读性强；译文符合目标语读者的认知语境，可理解性好；译文符合目标语读者的思维方式，可接受性高。概括来说，可读性、可理解性与可接受性指向译文读者，构成了英译本接受效果的三个构成要素，其内涵既各有侧重，又形成一个有机的整体。的英译本内容忠实可信，信息准确到位，语言地道自然，堪称信息型文本的典范。文章重点从读者接受角度研究了英译本的翻译效果，译文符合目标语读者的语言规范，可读性强；译文符合目标语读者的认知语境，可理解性好；译文符合目标语读者的思维方式，可接受性高。概括来说，可读性、可理解性与可接受性指向译文读者，构成了英译本接受效果的三个构成要素，其内涵既各有侧重，又形成一个有机的整体。

【关键词】政府工作报告　读者接受　可读性　可理解性　可接受性

2012年3月“两会”结束之后，中央编译局向天津外国语大学中央文献翻译研究基地赠送了党和国家重要文献的翻译资料纸质版和电子版翻译资源，内容包括《中华人民共和国国民经济和社会发展第十二个五年规划纲要》、《2012年政府工作报告》、《2011年中央和地方预算执行情况与2012年中央和地方预算草案的报告》，等等，译本涉及英语、日语、俄语、法语、西班牙语五个语种。笔者认真学习了这些译本，重点研究了《2012年政府工作报告》的英译本，结果发现内容忠实可信，信息准确到位，语言地道自然，堪称信息型文本的典范。由于文章篇幅的限制，本文重点从读者接受角度分析英译本的翻译效果，即译文符合目标语读者的语言规范，可读性强；译文符合目标语读者的认知语境，可理解性好；译文符合目标语读者的思维方式，可接受性高。概括来说，可读性（readability）、可理解性（comprehensibility）与可接受性（acceptability）指向译文读者，构成了英译本接受效果的三个构成要素，其内涵既各有侧重，又形成一个有机的整体。

1.译文符合目标语读者的语言规范，可读性强

从词源上考察，汉语中的“可读性”一词来源于英文 readability，外语教学与研究出版社出版的《牛津英汉汉英词典》上的解释是：1.legibility清晰可辨；2.enjoyability可读性（628页）。当这个单词用于描述文章、书等作品的特性时，前一个义项说其clear and easy to read，后一义项是说其interesting and enjoyable to read。两个义项合起来意思就是：清晰易读，有趣愉快。当我们说一份报纸、一篇文章或一部作品具有可读性时，我们往往指其内容充实，结构清晰，语言自然，信息量大，难易适中，等等。在翻译研究领域，有学者探讨过译文的可读性障碍及排除问题，并把译文的可读性表述为：“原文的内容表达准确、完整，译文的语言形式严谨、顺畅。”（陈忠华、杨春苑，2002：45）两位作者认为，可读性差的译文措辞不精确，语句支离破碎，文意生硬晦涩，难以卒读，读完不知所云。结合可读性的内涵以及翻译的具体情况，笔者认为可读性强的译文具有内容易懂有趣，篇章衔接连贯，意义清楚明了，语言自然流畅的特点。下面我们从词汇选择、句式转换、篇章整合三个层面展开论述，并选择典型实例具体说明。

1.1 选词新颖，不落俗套

就词汇层面的可读性而言，译文选词首先要摆脱字面意思的束缚，避免望文生义、机械对译，然后在把握上下文语境的前提下翻译词汇的语境意义，力求选词准确、意义清楚。在这一方面，2012年政府工作报告的英译本做得非常好，用词新颖，不落俗套，语言表达清新自然。下面列举四个典型

例子加以说明。

例1：实现“十二五”时期良好开局

got the Twelfth Five-Year Plan period off to a good start.

例2：企业“走出去”步伐加快

Chinese companies expanded their overseas presence.

例3：及时解决苗头性、倾向性问题

Promptly resolve emerging issues that signal unfavorable trends.

例4：加强社会公德、职业道德、家庭美德和个人品德教育

We will strengthen education with regard to social codes of conduct, professional ethics, family virtues, and individual integrity.

例1中的get off to a good start是一个习语，表达“良好的开端”或“开门红”的意思。2009年，奥巴马在他上台执政100天的一个记者招待会上就用过这个习语。译文选择这个习语容易在目标语读者之中产生感情上的共鸣，从而达到译文与原文等同的效果。

例2中的“走出去”在国内媒体上出现频率很高，是一个具有中国特色的文化负载词，在英语中并无一个现成的说法。国内一般译为go global，目标语读者究竟在多大程度上能够理解其内涵，这要取决于上下文语境以及译者所运用的翻译策略。在2012年的政府工作报告中，“走出去”共出现三次，译者分别译为implement the "go global" strategy，expanded their overseas presence，making overseas investments，三者在语境中互文见义。第一种译法出现在小标题中，后两种出现在正文中，后者是对前者的具体解释，使其内涵进一步明确。

例3中的“苗头性”与“倾向性”是两个表达性质的抽象概念，这样的词语在政府工作报告中很常见，如“针对性”、“灵活性”、“前瞻性”，“优越性”，等等。政府工作报告在翻译这类带有“性”的词语时处理得当，表达灵动。再看一例：不断提高政策的针对性、灵活性和前瞻性constantly made our policies more targeted, flexible, and forward-looking.译者采用词类转换的方法，把原文的名词转换成了形容词，可读性较好。

例4涉及搭配与选词的关系问题。社会公德、职业道德、家庭美德和个人品德分别代表了一个人在个人、家庭、职业和社会四个不同层面的修养。尽

管都含有同一个“德”，但搭配不同，表达的意义就不同，因而翻译时选词就有所区别。《朗文当代英语辞典》把 code of conduct 与professional ethics列为固定搭配。“公德”译为code，“美德”译为 virtue 可谓选词准确。至于“个人品德”，其内涵当然比较宽泛，但译为integrity正是中国传统文化核心价值观“诚信”的集中体现，符合政府工作报告中提出的社会主义核心价值体系的精神。根据不同搭配合理选词的例子还有很多，再看一例：全面落实强农惠农富农政策 We fully implemented the policy of strengthening agriculture, benefitting farmers, and enriching rural areas.

1.2 句法灵活，错落有致

在句子层面，译文的可读性表现在句子长度、分句合句、补充主语、并列句转换成复合句等方面。鉴于英汉语的巨大差异，翻译过程中必然要在保留原文意义的前提下改变原来的句子结构，以便用合乎目标语语言规范来表达。

例1：大力调整收入分配格局，增加中低收入者收入，提高居民消费能力。

We will vigorously adjust income distribution, increase the incomes of low- and middle-income groups, and enhance people's ability to consume.

例2：合理运用货币政策工具，调节货币信贷增速，大力发展生产，保障供给。

We rationally used monetary policy tools to regulate the supplies of money and credit, and vigorously developed production to ensure supply.

例3：完善国家助学制度，逐步将中等职业教育免学费政策覆盖到所有农村学生，扩大普通高中家庭经济困难学生资助范围。

We will improve the state financial aid system for students by gradually making all rural students exempt from paying tuition for secondary vocational education, and by granting financial aid to more students from poor families who attend regular senior secondary schools.

例4：连续第7年提高企业退休人员基本养老金，全年人均增加1680元，5700多万人受益。

Basic pensions for enterprise retirees increased for the seventh consecutive year, with an average increase of 1, 680 yuan per person for the year, which benefited over 57 million people.

政府工作报告中的汉语句式注重意合，句子之间的逻辑关系不明显，隐含在字里行间。英译时，译者没有机械照搬原文句式，而是根据其内在的逻辑关系进行重组。这四个例句分别代表了四类不同的句式转换方法，体现了不同的层次关系。

例1中的三个小句是并列关系，译文运用and体现了这种形合关系。例2的四个小句表面上是并列关系，但并列之中又内嵌从属关系，因而原文中表目的的两个小句转换成了动词不定式短语。例3中的三个小句也不是并列关系，后两句是实现前一句的手段与方式，译文用两个by引导的介词短语来翻译，从而使整个句子主次分明，逻辑清晰。例4中的译文用了一个非限制性定语从句把原文的三个小句分成一个主从复合句。

1.3 形式衔接，内容连贯

从篇章层面看，《2012年政府工作报告》的英译本是一个独立的文本，内容完整，段落清晰，层次分明，衔接连贯自然。将语篇分析运用于政治文献翻译就是从宏观上去把握文体特点、篇章的组织结构、主题以及主题展开，从微观上分析句间的语义和结构关系，转换和调整衔接手段等。

例1：促和谐，就是要正确处理改革、发展、稳定三者关系，积极有效化解各种矛盾和风险隐患，防止局部性问题演变成全局性问题，促进社会和谐稳定。

To promote harmony，we will properly balance reform，development，and stability； effectively defuse various types of conflicts， risks， and dangers； prevent isolated problems from growing into major ones； and promote social harmony and stability.

例2：继续推进农村危房改造，解决了6398万农村人口的饮水安全和60万无电地区人口的用电问题，农村生产生活条件进一步改善。

We continued to renovate dilapidated houses in rural areas， ensured the safety of potable water for 63.98 million additional rural residents， delivered electricity to 600，000 people in areas that had no power supply， and further improved rural working and living conditions.

例3：基本医疗保险覆盖范围继续扩大，13亿城乡居民参保，全民医保体系初步形成。

We further expanded coverage of basic medical insurance， so that now 1.3 billion urban and rural residents are covered. A medical insurance system that covers the whole population is emerging.

例4：支持重点产业振兴和技术改造，中央预算投资安排150亿元，支持4000多个项目，带动总投资3000亿元。

We allocated 15 billion yuan from the central government budget to support more than 4，000 projects to boost key industries and upgrade their technologies. This seed capital attracted a total investment of 300 billion yuan

在语篇层面上，汉语政府报告段落偏长，没有主语，“多用并列短句或并列谓语，‘一逗到底’，连接成分使用不多，层次不太明显”（贾毓玲，2003：27）。这与英语重形式衔接，重逻辑连贯的语篇组织方式形成鲜明对比。为了译文的可读性，译者需要对原文的布局谋篇方式进行重组。

2. 译文符合目标语读者的认知语境，可理解性好

汉语中的“可理解性”对应于英语中的comprehensibility，是衡量译文质量的一个重要指标。《2012年政府工作报告》英译本充分考虑到了读者的认知语境，通过增译法、释义法以及翻译意义法重建翻译语境，取得很好的翻译效果，可理解性好。

2.1 解压简称，让内容明确

例1：三网融合 the telecommunications network， the radio and television broadcasting network， and the Internet

例2：三公消费official overseas trips， vehicles for official use， and official hospitality

例3：农村五保供养对象

childless and infirm rural residents who are entitled to five forms of support (food， clothing， medical care， housing， and burial expenses)

例4：三农agriculture， rural areas， farmers

政府工作报告中经常会出现“三个代表”、“三农”、“五宝”等简称说法，这

在英语中并不多见。以上四例的翻译都没有用简称，而是把所指的具体内容明确表达出来，以便读者理解。值得注意的是，“三个代表”可以译成Three Represents，但“三农”却没有类似这样的译法。“三个代表”译成英文时，represent会重复出现三次，可以用简称，但“三农”译成英文时，对应的是三个完全不同的英文单词，没有共性。这是两种语言的差异造成的，翻译只好放弃形式对应，只追求意义对等。

2.2 打破外壳，让内核释放

例1：保持投资稳定增长，促进投资和消费良性互动。

We will maintain the steady growth of investment and use investment to promote consumption and vice versa.

例2：逐步理顺煤电价格关系。

We will make the price of electricity better reflect the price of coal.

例3：建立社会救助和保障标准与物价上涨挂钩的联动机制。

We instituted a mechanism to increase social aid and social security benefits when consumer prices rise.

例4：更加注重把在城镇稳定就业和居住的农民工有序转变为城镇居民。

We will give higher priority to registering rural migrant workers with stable jobs and permanent homes in cities or towns as permanent urban residents in an orderly manner.

奈达有句著名的话：Translating means translating meaning.这里的意义显然不是表层意义，而是深层意义。在以上四个例子中，“互动”、“理顺”、“挂钩”、“转变”是理解句子的关键词。看看编译局的译文，我们觉得很精彩，很到位，很容易理解。译者能够打破语言的外壳，让深层意义释放出来，是翻译意义的典型代表。

2.3 解释概念，让意义清楚

例1：继续花大气力推动解决择校、入园等人民群众关心的热点难点问题。

We will continue to make great efforts to ease contentious issues of great concern to the people, including paying to enroll one's children in better schools and the shortage of preschools.

例2：实施居民阶梯电价改革方案。

We will prudently carry out reform of electricity prices by implementing progressive pricing for household electricity consumption.

例3：关爱留守儿童、留守妇女和留守老人。

We will take care of children， women and old people who are left behind by rural migrant workers who work in cities.

例4：多数城市房价环比下降。

Housing prices in most Chinese cities have fallen month on month.

这四个例子可以分成两组：例1和例3涉及中国的国情与文化，例2和例4涉及两个专业术语。由于外国读者对中国的“择校”与“农民工”缺乏了解，译者充分考虑到了文化差异，没有把“择校”简单译成choose schools，而是译为paying to enroll one's children in better schools and the shortage of preschools。“留守”并没有简单译成who are left behind，而是译为who are left behind by rural migrant workers who work in cities.增加的部分是为了读者更好地理解。“阶梯电价”和“环比”是两个专业术语，译者运用解释的方法，让意义变得很明确。

2.4 补充背景，让语境再现

例1：全面做好今年的工作，必须坚持突出主题、贯穿主线。

To ensure success in all our work this year， we must uphold the theme of scientific development， take transforming the pattern of economic development as the main thread.

例2：今年拟安排财政赤字8000亿元，赤字率下降到1.5%左右。

This year， we are projecting a deficit of 800 billion yuan， a decrease to around 1.5% of GDP.

例3：实施新10年农村扶贫开发纲要。

We will implement the 2011-2020 rural poverty alleviation and development program.

例4：落实好“米袋子”省长负责制和“菜篮子”市长负责制。

We will effectively carry out the practice of holding provincial governors responsible for the "rice bag" (grain supply) and city mayors for the "vegetable basket" (non-grain food supply)

这四个例子有一个共同特点，就是采用增译法，补充读者缺乏的背景知识，让语境再现。例1中的“主题”指是什么，“主线”指什么，外国读者并不知晓。所以，译者把“科学发展这个主题”与“转变经济发展模式这个主线”补译出来,译文读者就容易理解了。例2中的“赤字率下降到1. 5%左右”,意义模糊，译文增译了1.5% of GDP，语义就清楚了。例3增加了2011-2020，使“新10年”的所指具体化了。例4中“米袋子”和“菜篮子”是汉语中形象性说法，译文分别增补了grain supply与 non-grain food supply)，其意义就变得明确了。

3.译文符合读者的思维方式，可接受性高

汉语的“可接受性”来源于英语的acceptability，指的是译文在译语表达习惯、语词的政治文化内涵、读者的思维习惯、中式英语等方面的接受程度。

3.1 尊重英语的表达习惯，避免中式英语

例1：大力推进政务诚信、商务诚信、社会诚信建设。

We will vigorously give impetus to government， business， and public integrity

例2：全面推进社会主义经济建设、政治建设、文化建设、社会建设以及生态文明建设。

We will comprehensively advance socialist economic development， political， cultural and social progress， and ecological awareness.

例3：坚持以人为本、服务为先。

We put people and services first

例：4：提高发展的协调性和产业的竞争力。

Making development more coordinated and industries more competitive.

汉语中的重复现象比较普遍，这在政府工作报告也是如此，如上例中的“建设”。英语中除了作为修辞手段的重复之外，一般尽量避免重复。汉英之间的差异说明了翻译转换过程中要尊重英语的表达习惯，避免中式英语。

3.2 考虑语词的政治文化内涵，避免歧义误解

例1：文化是人类的精神家园。

Culture gives human beings a sense of belonging.

例2：过去的一年，两岸关系经受了严峻考验，取得了积极进展。

Last year, relations across the Taiwan Straits withstood serious tests and improved considerably.

例3：香港、澳门与祖国休戚相关、荣辱与共。

Hong Kong and Macao are closely bound with the mainland of China and we share a common destiny.

例4：维护海外侨胞和归侨侨眷合法权益，支持他们积极参与祖国现代化建设与和平统一大业。

Protect the lawful rights and interests of overseas Chinese and returned overseas Chinese and their relatives, and support them in taking an active part in the endeavor to modernize China and in advancing the great cause of China's peaceful reunification.

资深翻译家程镇球（2003：18）强调，政治文章的翻译要讲政治，要仔细衡量用词的政治含义与影响。例1中的“精神家园”译成了a sense of belonging，避开了宗教色彩较浓的spiritual，读者的接受效果好。后三个例子涉及政治含义的词汇，译者充分考虑到词汇中蕴涵的意识形态色彩，忠实地传达了原文的意义。

3.3 贴近国外受众的思维习惯，避免阅读障碍

例1：继续对行政事业性收费和政府性基金进行清理、整合和规范。

We will continue to investigate the collection and use of administrative fees and operations of government-managed funds, merge them where necessary, and ensure fees are collected and government-managed funds are operated in a standardized way.

例2：大力发展民办教育，鼓励和引导社会资本进入各级各类教育领域。

We will vigorously develop privately run schools and encourage and guide nongovernmental investment in all types of schools at all levels.

例3：2147个县（市、区）实施城镇居民社会养老保险试点。

We carried out trials of old-age insurance for non-working urban residents in 2, 147 counties and county-level cities and districts.

例4：控制增量，优化存量。

Control increases in production capacity, improve existing production facilities.

黄友义（2004：27）说："最好的外宣翻译不是按中文逐字逐句机械地把中文转换为外文，而是根据国外受众的思维习惯，对中文原文进行适当的加工。"贴近国外受众的思维习惯是译文可接受性的一个重要评价指标。例1的译文对"清理、整合、规范"没有逐字翻译，而是对中文原文进行适当的加工，减小了读者的阅读障碍。例2与例3中的"社会资本"与"社会养老保险"分别译为nongovernmental investment 和old-age insurance for non-working urban residents，译法贴近国外受众的思维习惯。

3.4 调整不正常的搭配，转换不自然的表达

例1：经过25年坚持不懈的努力，全面实现九年制义务教育。

Thanks to tireless efforts over the past 25 years, we have fully attained the goals of making nine-year compulsory education universally available and basically eliminating illiteracy among young and middle-aged adults.

例2：大力加强文化建设。

We vigorously strengthened development of the cultural sector.

例：3：加强各项社会保障制度衔接。

We will better coordinate all aspects of the social safety net.

例4：调整完善部分农产品批发、零售增值税政策，推动流通标准化、信息化建设。

We will adjust and improve VAT policies for the wholesale and retail of some agricultural products, and promote standardized and information-based distribution.

汉语中看似正常的搭配在转换成英语时很可能不符合逻辑，甚至错误。例1中的"实现教育"属动宾搭配，可以接受，但译为realize education，则不可接受。译文making nine-year compulsory education universally available 地道自然，可接受性好。例2和例3中的"加强建设"与"加强衔接"在翻译成英文时转换成了strengthened development和 coordinate all aspects，英文的搭配自然。例4中的"推动建设"转换成了promote standardized and information-based distribution，也是调整不正常搭配的典型例子。

结束语

总体来说，《2012年政府工作报告》英译本的翻译质量很强，接受效果好，有很多地方值得进一步深入研究。虽然中央文献具有很强的政治性、权威性以及严肃性，但强调读者接受效果并不意味着违背了翻译的忠实性原则。一个忠实于原文的译文必然也同时具有可读性、可理解性与可接受性特质，否则，翻译就失去了其功能与作用。

参考文献

[1] 陈忠华、杨春苑：《译文的可读性障碍及其排除》，载《中国翻译》，2002 年第 3 期。

[2] 程镇球：《 政治文章的翻译要讲政治》，载《中国翻译》，2003 年第 3 期。

[3] 黄友义：《坚持外宣三贴近原则，处理好外宣翻译中的难点问题》，载《中国翻译》，2004 年第 6 期。

[4] 贾毓玲： 《从政府工作报告的翻译谈如何克服“中式英语”的倾向》，载《上海科技翻译》，2003 年第 4 期。

国家机构对翻译活动的规范

——以中央编译局马列著作及“毛著”翻译为例*

中国海洋大学 滕梅、吴菲菲

【摘 要】中央编译局作为系统翻译和编著马列著作、中国领导人著作及我国重要政治文件的国家机构，为马列主义在中国的传播和我国对外交流作出了重要贡献。本文以切斯特曼的翻译规范理论为基础，以描述性方法系统研究中央编译局对马列著作及“毛著”翻译活动的组织与管理。研究发现，国家机构的翻译活动受读者需求、目标语文化政治环境、社会背景及文本类型等因素的规约和影响。

【关键词】国家机构翻译活动 翻译规范 中央编译局

一、引言

翻译作为一种连接两种语言的社会性活动，必然要受到源语文化及译语文化的规范，例如社会意识形态、历史、社会等。作为翻译活动的重要组成部分，国家机构的翻译活动亦是如此。与个人进行的翻译活动相比，国家机构的翻译活动具有组织性强、目标明确、动机强烈、过程复杂的特点。中央编译局作为我国重要的翻译机构之一，是我国唯一专门负责系统翻译马列著作、中国国家领导人著作以及我国重要政治文件的国家机构，在其组织下进行的马列著作翻译和国家领导人著作翻译一直持续至今，历时近60年，组织性强，规模庞大。其翻译过程经历了我国不同的历史时期，在不同的历史背

* 基金项目：国家社会科学基金项目“翻译政策对国家文化战略的作用与影响研究”（12BYY015）；教育部人文社科青年项目“翻译政策研究”（09YJC740071）。

景下，其翻译活动表现出不同的特点。

但是，我国目前对中央编译局的翻译活动研究并不充分。对马列著作的翻译研究多限于建国前，集中在抗日战争时期的翻译；对中央编译局翻译活动的记载也多以个人回忆录的方式出现，缺乏系统科学的理论研究；对毛泽东著作的翻译研究则多集中于翻译技巧，而对历史背景、国家政策等宏观因素对毛著翻译的影响研究较少。事实上，对中央编译局的翻译工作进行系统研究，能够对国家机构翻译有更系统、更科学的认识。此外，中央编译局对马列著作和毛泽东著作的翻译集中了国内最优秀的译员，其译作堪称经典，对其译本进行细致研究能够为政治性文本的翻译策略及方法提供一定的参考。

二、翻译规范

长期以来，“翻译的定义”和“翻译的标准”一直是翻译界内争论不休的话题。翻译到底是对原文的复制，还是原文的派生物？翻译的标准是“信、达、雅”，是“神似”、“化境”，还是“对等”？学者们在这些问题上一直未达成共识。随着翻译研究领域从文本本身转向社会、文化等方面，学者们的研究也开始由源语文化转向目标语文化，试图从目标语文化中寻求翻译的标准。因此，对翻译规范（translation norms）的研究应运而生。

对翻译规范的研究始于20世纪60年代，在90年代达到高潮。最早把“规范”一词引入翻译领域的是列维。早在20世纪60年代，他就提出“翻译是一个决策过程”（Levy, 2000: 148）。译者在翻译过程中不管是在译本的选择上，还是翻译方法的使用等方面都面临着众多选择。译者需要对翻译文本、技巧等进行权衡。随着研究的深入，涌现出一批对“翻译规范”进行深入研究的学者，代表人物有图里（Toury, 1995）、赫曼斯（Hermans, 1996）和切斯特曼（Chesterman, 1997）等。

最早对翻译规范进行系统研究的是图里。图里（Toury, 1995: 56-59）把翻译规范分成三类：预备规范（preliminary norms）、起始规范（initial norms）和操作规范（operational norms）。预备规范决定着译本的选择以及是直接翻译还是间接翻译（从某个译本转译）的问题，这一选择在很大程度上受目标语文化的翻译政策、历史背景等因素的规范。起始规范从宏观上决定译者的翻译方法，如果译者把源语文化规范作为翻译标准，则译本充分性（adequacy）强；如果译者把目标语文化规范作为翻译标准，则译本可接受性（acceptability）强。操作规范关系到翻译过程中具体的翻译策略，它又可以分为母体规范（matricial norms）和文本语言学规范（textual-linguistic norms）。前者从宏观上决定着翻译原则，如段落的划分、文章内容的删减、增加等；后者从微观上决定着翻译原则，如语言风格、句子结构、语法、修辞等。

赫曼斯（Hermans, 1996: 25-30）认为"翻译是一种交际行为"，在交际过程中必然会涉及不同的社会个体和群体。译者在翻译过程中面对不同的权力关系，不得不在各种权力中进行权衡和选择（decision-making）。规范是一种社会和文化实体，它指导着交际过程的决策。与习俗（conventions）一样，规范源于人与人之间共有的知识、期待和对事物的接受程度等，但是规范的约束力和规范性要比习俗强。规范也有强弱之分，如果某一规范慢慢变强，它就会成为规则（赫曼斯认为这里的规则实质上是一种强度较大的规范），而当规则慢慢变强，强大到它成为做某事的唯一标准，那么规则就变成了法令（decreed）。规范有积极和消极之分，即鼓励某事或者否定某事。规范并非一成不变，它随着社会环境的变化而不断变化。

切斯特曼的规范理论是由他著名的"模因理论"转化而来。切斯特曼借鉴生物学中的基因（genes）提出了模因（memes）的概念（参见Chesterman, 1997: 5-6）。他认为模因像其他基因一样拥有复制、分裂和传播的功能。人类社会中的各种观念（模因）通过人与人的交流进行传播。如果模因要在不同的文化中传播，翻译就是不可缺少的途径。因此，"翻译是模因赖以生存的途径"（1997: 51）。模因之间相互竞争，如果一个模因在与其他模因竞争中占据主导地位并使与之竞争的模因逐渐消亡，那么这个模因就成为规范。

切斯特曼（1997: 64-69）把翻译规范分为两类：期待规范（expectancy norms）和专业规范（professional norms）。期待规范由读者对译本的期待组成，这实际是一种产品规范（product norms），也就是说读者认为什么样的文本是自己需要的，译本应是什么风格，应采取何种翻译方法等。但是，切斯特曼把规范放入一定的社会背景进行研究，读者的期待并不完全由自己所决定。不同时期的历史背景、国家的翻译政策、社会、经济、文化等因素也会影响到读者的期待。专业规范调控具体的翻译过程，由社会中的专业人士制订，这本质上是一种过程规范（process norms）。专业规范又分为义务规范（accountability norms）、交际规范（communication norms）和关系规范（relation norms）。义务规范是一种道德规范（ethic norms），它要求译者在翻译时应按照原文作者、翻译委托人、译者本身及潜在读者等其他当事人的要求（Chesterman, 1997: 68）；交际规范要求译者处理好不同文化之间的交流，使传意各方的交流达到最佳状态；关系规范本质上是一种语言规范（linguistic norms），它要求译者的翻译必须使源语文本与目标语文本建立一种恰当的关联相似性关系（Chesterman, 1997: 69）。

通过上述，我们可以发现：图里的翻译规范重点在于翻译规范的分类，他从宏观和微观讨论了从翻译选材到翻译过程的各种规范。赫曼斯则主要从宏观讨论翻译和规范的性质，他关注的是意识形态、社会、文化等宏观方面的因素。相比而言，切斯特曼的翻译规范理论最为全面：首先，切斯特曼在借鉴图里理论的基础上，对翻译规范进行了更为全面的划分，他从社会、道德等方面重新审视了翻译规范；第二，切斯特曼详细、系统地讨论了规范的来源，为翻译规范研究提供了新的视角；第三，切斯特曼更为关注的是译者接受翻译任务后对译者工作进行指导的规范，操作性和对实践的指导性更强。

因此，本文尝试从切斯特曼的规范理论角度，以中央编译局的翻译活动为例，审视翻译规范对国家机构翻译活动的规约和影响。

三、中央编译局对翻译活动的规范

中央编译局（Central Compilation & Translation Bureau/CCTB），全称为中共中央马克思、恩格斯、列宁、斯大林著作编译局，成立于1953年，前身是1949年创立的中央俄文编译局，其主要任务是“有系统地有计划地翻译马克思、恩格斯、列宁、斯大林的全部著作”（司马言，1983）。

为满足中国革命建设和中国广大读者的需要，中央编译局自成立以来一直致力于马列著作的编译。1953年，中央编译局开始了《马克思恩格斯全集》、《列宁全集》和《斯大林全集》（以下简称三大全集）的编译。到1966年“文革”前，已成功编译《斯大林全集》13卷、《列宁全集》39卷，编译出版《马克思恩格斯全集》21卷。由于中央编译局成立初期客观条件的限制，第一版三大全集在质量上参差不齐，收录文献不够全面，不能很好地适应社会的发展和读者的需求。因此，1982年，中央编译局开始了《列宁全集》中文第二版的编译，1986年7月，进行《马克思恩格斯全集》中文版第二版的编译。2001年以后，中央编译局又根据1991年以来新发现的列宁文献编译出版了《列宁全集补遗》。2004年以后，中央编译局根据最权威、最可靠的外文版本对全部译文重新作了审核和修订，又编成10卷本《马克思恩格斯文集》和5卷本《列宁专题文集》。

中央编译局对毛泽东著作的翻译主要是《毛泽东选集》的翻译，其翻译工作于20世纪60年代正式开始。1960年，《毛泽东选集》第四卷问世，中共中央决定将其翻译成外文出版。为更好地完成《毛泽东选集》的翻译工作以及促进我国对外宣传，1961年当时主持中央书记处工作的邓小平作出批示，成立了毛泽东著作翻译室，承担《毛泽东选集》一、二、三卷的翻译任务，至1969年，《毛泽东选集》一、二、三卷翻译任务相继完成。《毛泽东选集》第五卷翻译工作一直到1975年10月才展开，1977年年底完成。

中央编译局的编译工作使中国读者更详细、全面地了解和学习马克思主义理论，同时，也让外国读者更多地了解中国革命建设的情况，促进了中外交流。马列著作和毛泽东著作涵盖了政治、经济等各个领域，编译难度很大，中央编译局投入了大量的人力、物力和财力，其译本堪称经典，为翻译实践（尤其是政治性文本的翻译）提供了成功的范例。

（一）期待规范

切斯特曼（1997: 64）认为："目标读者对译本的类型、风格、修辞等方面都有自己的期待。"这就要求译者根据读者的期待进行翻译，而读者的期待又受当时政治、经济、文化等因素的影响。也就是说，译者要先对不同社会背景中的读者需求进行分析，再进行具体的翻译工作。

马列著作在中国的读者涉及各个领域，有理论研究工作者、社会主义革命者、学生、工人、农民等等。《毛选》的读者当时则主要是世界各国共产党和左派团体等。不同领域的读者对译本的风格、修辞方法等有不同的期待。但是，由于马列著作和《毛选》都属于政治性文本，其内容多涉及政治、经济理论，并含有大量政治敏感词汇，因此，就文本风格、用词等细节方面，中央编译局的翻译更多受到原文文本的规范，而读者期待对其规范表现则并不明显。由于读者期待具有社会历史性，不同历史时期，读者对马列著作和毛著的需求量不同，这一需求对中央编译局马列著作和毛著的编译有很大影响。

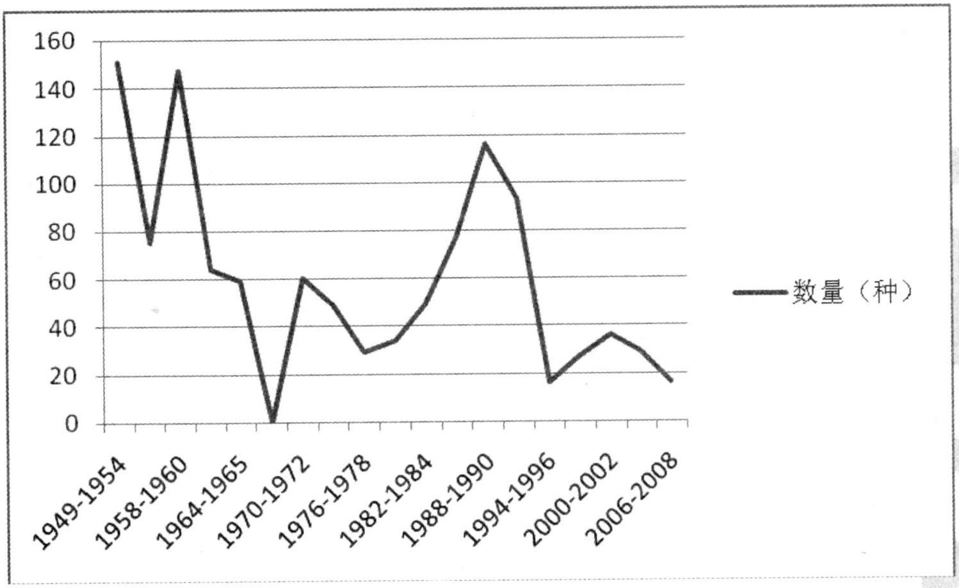

图 1. 马列著作编译出版统计[1]

通过上图我们可以发现：首先，从总体上来说中央编译局对马列著作的编译自其成立一直保持着上升状态[2]，直到1960年数量有所下降。这与建国初期我国的政治环境及读者需求是分不开的。建国初期，我国政治环境趋于稳定，有利于集中力量进行大规模马列著作翻译，广大干部群众学习和研究马克思主义的热情高涨。毛泽东(1996: 261)在1949年召开的七届二中全会上，提

❶ 数据来源：中央编译局：马列文献信息编辑出版 60 年（一），http: //www. cctb. net/bygz/zzby/byyj/201006/t20100618_22352. htm.

❷ 1949-1954 年，人民出版社共出版马列著作 151 本，其中马恩著作与列宁著作共 81 本，斯大林著作 66 本，汇编类著作 4 本，而中央编译局对马恩著作的编译 1955 年才开始，对列宁著作的编译，1953—1955 年仅编译了 5 卷，上图中 1949—1954 年间出版的马恩与列宁著作基本上都是对建国前国内经典译本以及国外优秀译本的重新出版。因此，1949—1954 年间，中央编译局编译的马列著作不多于 70 本，与 1955—1957 年基本持平或少于其编译数量。

出干部要学习十二本马列著作："如果在今后三年之内，有三万人读完这十二本书，有三千人读通这十二本书，那就很好。"因此，应读者需求，在建国初期，对马列著作的翻译不管从数量上还是速度上都是惊人的。1949—1956年，由中央编译局和人民出版社共编译出版了三大全集15个品种，其中包括《马克思恩格斯全集》1种（第1卷），《列宁全集》3种（第1、28、29卷），《斯大林全集》11种（第1、2、3、4、6、8、9、10、11、12、13卷）（王曙龙、李丹，2008）。1958年，《斯大林全集》13卷编译工作全部完成，由于《列宁全集》和《马恩全集》不管是在编译难度还是数量上都大大超过《斯大林全集》，因此，编译速度慢了下来，这就是1957年以后马恩著作编译数量减少的主要原因之一。

第二，1966—1969年，马列著作的编译出现空缺。"文革"时期，全国上下都陷入"文化大革命"的斗争中，再加上林彪及"四人帮"妄图将毛泽东思想与马克思主义割裂开来，大力鼓吹"百分之九十九读毛主席的书"，对马列著作的翻译和出版造成了很大的破坏。因此，全国上下对马克思主义著作的需求大大减少。自1967年2月人民出版社出版列宁的《马克思主义的三个来源和三个组成部分》、4月出版恩格斯的《社会主义从空想到科学的发展》之后，到1970年的三年时间中，中央编译局编译出版马列著作的数量为零。

第三，自1970年起，马列著作的编译数量有所回升，以1970—1972年最为显著，之后，数量有所下降。1970年12月毛泽东作出了"认真看书学习，弄通马克思主义"和"这几年应当特别注意宣传马列"的指示。周恩来也在1971年3月份召开的全国出版工作座谈会上强调了对马列著作出版工作的重视，马列著作的编译出版得到复苏，先后编译出版了《马克思恩格斯全集》（新出版3卷）、《马克思恩格斯选集》（4卷本）和《列宁选集》（4卷本）等。

第四，1978年以后，马列著作的编译数量迅速增长，但数量不及建国初期；20世纪90年代以后，数量减少。改革开放后，广大干部和群众对马恩著作的阅读研究需求再次达到一个新的高潮。1982年，中央书记处正式批准编译《列宁全集》第二版；1986年7月，批准编译《马克思恩格斯全集》第二版。此外，中央编译局还编译出版了多部文集和选集，如《马克思恩格斯军事文选》、《列宁军事文集》、《马克思主义经典著作选读》等。至1990年，《列宁全集》中文第二版全部出齐，共80卷；1995年，《马克思恩格斯全集》也全部出版。到此为止，全部马列著作的翻译工作已基本完成。因此，20世纪90年代以后，马列著作翻译数量大大减少，中央编译局对马列著作的工作究重点逐渐由翻译转向学术研究。

对于《毛泽东选集》的翻译，则受国外读者的需求和国内政策推动。1950年苏联在其中共中央机关刊物《布尔什维克》上转载了毛泽东创作于1937年的《实践论》。同年12月23日，苏联共产党中央委员会机关报《真理报》全文转载。此后，毛泽东思想开始在苏联传播。随着毛泽东著作被逐渐介绍到国外，再加上国际共产主义运动的发展，许多国家对中国社会主义革命经验的需求大大增加（参见石路，2011）。1960年《毛泽东选集》第四卷出版，为满足外国读者的需求以及促进对外交流，中共中央作做出了将《毛泽东选集》(以下简称《毛选》)翻译成外文并出版的决定。《毛选》翻译高潮时期是1966年“文化大革命”开始（尹承东，2009）。上文也提到，“文革”时期连马列著作的编译和出版也几乎进入停滞的状态。为什么在这个阶段《毛选》的翻译却有了如此大的进展？这与当时的国内外形势有密切关系。20世纪60年代，第三世界民族解放运动达到高潮，国外读者对《毛选》的需求大大增加，加上我国当时提倡“把毛泽东思想的红旗插遍全世界”，向全世界宣传毛泽东思想，这些都极大鼓励了《毛选》的翻译。在“文革”时期，《毛选》不仅出版了英译本，还有法语、俄语、日语等多种版本。如果没有国外读者对《毛选》的需求及国内政策的激励，《毛选》的翻译工作不可能处于如此红火的状态。

（二）专业规范

切斯特曼（1997: 69）认为，期待规范关注的是最终的翻译译本，而专业规范关注的是翻译过程，即译者在具体翻译时应采取何种翻译策略，如何组织句子结构等方面。专业规范分为义务规范、交际规范和关系规范。

1. 义务规范

义务规范要求译者必须对原作、读者及委托人等其他因素负责（Chesterman, 1997: 68）。译者在翻译过程中最重要的就是要保证译文的质量，在完全理解原作的基础上谨慎翻译，不可胡译、乱译。为了做到这一点，中央编译局在进行马列著作和《毛选》翻译时从译员的选择到译文的校对到最后定稿都制订了严格的标准和程序。

马列著作的译者集合了中国老一辈翻译家，如师哲、张仲实、姜椿芳等，另外，中央编译局还专门从北京、上海等地选拔了多名精通俄语的译者。根据宋书生（2003）的记载，为提高翻译质量，中央编译局译员对每篇译文都要经过七八次校改。以《斯大林全集》第1卷为例，其译文每一万字校改的时间平均为220小时。疑难问题，有争论的问题，都被提到全局业务会上讨论解决，为第1卷举行的业务会达28次之多，总计100小时以上。

《毛泽东选集》的翻译亦是如此。除中央编译局毛泽东著作翻译室的专职翻译之外，《毛选》第四卷英文组翻译组长是优秀的无产阶级革命家徐永瑛先生和曾在剑桥大学留学的程镇球先生，小组成员也都是当时有名的翻译精英，有杨成芳、陈龙、王佐良、金岳霖等，钱钟书先生也曾参加过《毛选》的翻译。为了保证译文的准确性，校对程序也十分严谨和规范。据曾参与过《毛选》翻译的刘习良（2009）回忆，从开始翻译到最后定稿大概要经过八道程序，包括初稿、改稿、初定、核稿、专家改稿、专家讨论定稿、通读、最后定稿。与此同时，还有专人负责全书名词和规格的统一。

由此可见，义务规范对译文质量的提高有着重要的作用。若不是中央编译局本着对原作负责、对读者负责的原则，马列著作及毛著的翻译不可能有如此高的质量。

2. 交际规范

切斯特曼（1997: 69）指出交际规范要求译者扮演好桥梁作用，使交际各方的沟通达到最佳状态。通过上文的讨论，我们知道马列著作和毛著涉及政治、经济、文化各方面理论，译者不能随意对原文进行增减或修改。但是，由于原作内容复杂、深奥，毛著中涉及大量中国特色的文化词汇，而读者的文化水平又参差不齐，若译者严格按照原作形式内容照翻译过来，很容易使读者不理解其中内涵。为了方便读者的理解，中央编译局做出了许多努力，其中最重要的就是撰写注释。

1986年，中央编译局决定进行《马克思恩格斯全集》第二版的编译，这是因为由于当时翻译人才的紧缺，第一版在翻译质量上参差不齐，有的是从俄文转译过来的，难免与原文有所出入，可能会引起读者的误解。其次，第一版收录的文献并不全。为了使读者更准确地理解原作，中央编译局不仅在译文质量上严格把关，还自己撰写了前言、注释和各种索引材料。

在翻译《毛泽东选集》时，中央编译局也十分注重注释的撰写。如在《毛选》第一卷中提到："这种人发财观念极重，对赵公元帅礼拜最勤，虽不妄想发大财，却总想爬上中产阶级地位（第一卷，5）。"翻译的时候，中央编译局在后面加了注释"Marshal Chao is Chao Kung-Ming, God of Wealth in Chinese folklore（volume I, 15）"。仅《中国社会各阶级的分析》一篇，中央编译局就为其撰写注释18处，长达3页。中央编译局对前言、注释、索引的编写有效清除了读者与原作之间的障碍，使广大读者能够更准确、深刻地理解原文。

3. 关系规范

切斯特曼（1997: 69）认为关系规范要求译者协调好文本之间的关系。有的翻译需要优先考虑译文形式与原文形式，如法律合同；有的翻译需要突出风格的相似性，如诗歌（李德超，邓静，2004）。马列著作和毛著都属于政治性文本，两种著作中很多都是理论型论述，这就要求译文与原文在内容和形式上都必须高度一致，因此，直译是最合适的翻译方法。

毛泽东在1956年与音乐工作者谈话时谈到，对于理论著作，他还是主张硬译。他曾提到："译得'信而不顺'的至多不过看不懂，想一想也许能懂，译得'顺而不信'的却令人迷误，怎样想也不会懂，如果好像已经懂得，那么你正是入了迷途了"（张仲实，1986）。毛泽东针对理论著作翻译的指示为翻译工作提供了指导方针，中央编译局的翻译工作也始终贯彻了这一方针。下面将以《毛选》中部分句子的翻译为例，阐述直译在政治文本中的使用。

（1）战争的敌人不但是帝国主义，而且是大资产阶级和大地主联盟。民族资产阶级则做了大资产阶级的尾巴（第一卷，204）。

——The enemy in this war is not imperialism alone but also the alliance of the big bourgeoisie and the big landlord. And the national bourgeoisie hasubecome a tail to the big bourgeoisie（Volume I, 192）.

（2）中国人有句老话："不入虎穴，焉得虎子"，这句话对于人们的实践是真理，对于认识论也是真理（第一卷，288）。

——There is an old Chinese saying, "How can you catch tiger cubs without entering the tiger's lair?" This saying holds true for man's practice and it also holds true for the theory of knowledge. （volume I, 300）.

（3）俗话说："到什么山上唱什么歌。"又说："看菜吃饭，量体裁衣。"（VolumeⅢ，834）。

——There is a proverb, "Sing different songs on different mountains"; Another runs, "Fit the appetite to the dishes and the dress to the figure"（Volume III, 57）.

这三句话中，黑体部分的翻译很明显都是从原文的直接翻译。"做了大资产阶级的尾巴"在句中的意思应该是"受大资产阶级的摆布"，即"be subjected to the big bourgeoisie"或者"manipulated by the big bourgeoisie"。"不入虎穴，焉得虎子"在这里显然不是真的要"得到虎子"，而是说"要想达到目的，就要敢于冒险"，也就是"Nothing venture, nothing gain"。而译文则完全按照字面意思翻译过来。第三句话的背景是毛泽东批判八股文空话连篇，没有实际内容。在这里"到什么山上唱什么歌"和"看菜吃饭，量体裁衣"要表达的是大家写文章要切合实际，根据不同情况作不同的决定。而译文没有按照引申义进行翻译，而是按照原文，把"唱歌"、"吃饭"、"裁衣"一一对应翻译过来。

由于《毛选》属于政治性文本，加上其翻译旨在对外宣传毛泽东思想，所以直译更能体现出原著特色，在这种情况下直译不失为一种比较恰当的方法。

四、结语

通过上述讨论，可以发现中央编译局作为一个国家机构，其翻译活动有以下特点。

首先，翻译活动受到读者期待的规范，但受当时社会背景、国家政策影响更大。建国初期，国家对马列著作需求较大，而受当时国家外交政策的影响，马列著作翻译先从列宁斯大林全集开始；；"文革"时期，受国内形势和政策的影响，马列著作翻译进入低潮，毛著翻译开始进入高潮；进入改革开放时期，我国文化领域呈现"百花齐放"的状态，马列著作翻译重新繁荣起来。

第二，受国家机构翻译的特点及翻译文本性质的影响，义务规范、交际规范和关系规范在中央编译局的翻译过程中显得尤为重要。国家机构翻译具有系统性和权威性的特点，因此，中央编译局有资金有能力调动全国最优秀的译员进行马列著作和毛泽东著作的系统翻译，仅靠译者个人的力量不可能如此高质量地完成这样庞大和繁重的任务。其次，马列著作和毛著都属于政治性文本，任何误译都可能引起重大的政治性问题。中央编译局集合了全国最优秀的译员从事翻译，制订了严格的校对程序，要求在翻译时多采取直译的方法，这些都保证了译文的高质量。此外，为了使读者更好地理解原文，中央编译局很重视前言、注释等方面的撰写，促进了译文与读者之间的交流。

马列著作和毛著的翻译是中国翻译史上的重要一页，对其进行系统研究十分必要。本文以切斯特曼的翻译规范理论作为理论基础，探讨了中央编译局组织的马列著作和毛泽东著作翻译活动，希望能为以国家机构的翻译活动为主题的研究做出有益的补充。

参考文献

[5] 李德超、邓静：《传统翻译观念的逾越：彻斯特曼的翻译规范论》，载《外国语》，2004年4期。

[6] 刘习良：《追忆“毛著”翻译》，载《中国翻译》，2009年第5期。

[7] 毛泽东：《毛泽东选集》第1卷，人民出版社1991年版。

[8] 毛泽东：《毛泽东选集》第3卷，人民出版社1991年版。

[9] 毛泽东：《毛泽东文集》第5卷，人民出版社1996年版。

[10] 司马言：《中央编译局建局三十周年》，载《中国翻译》，1983年第4期。

[11] 石路：《毛著向世界的传播》，早在1920年就已开始，见 http: //forum. home. news. cn/thread/81490490/1. html（访问时间：2012年4月20日）。

[12] 宋书生：《马列著作翻译工作纪实》，见中央编译局主编：《传播真理奋斗不息——中共中央编译局成立50周年纪念文集（1953-2003）》，中央编译出版社2003年版。

[13] 王曙龙、李丹：《建国初期马克思主义经典著作的编译出版及影响》，载《陕西理工学院学报（社会科学版）》，2008年第1期。

[14] 尹承东：《从毛泽东著作的翻译谈建国以来的中译外工作》，载《中国翻译》，2009年第5期。

[15] 张仲实：《毛泽东同志论理论著作翻译》，载《中国翻译》，1980年第1期。

[16] Andrew Chesterman, *Memes of Translation: The Spread of Ideas in Translation Theory*, Amsterdam: John Benjamins Publishing Company, 1997, pp. 5-6, 51, 64-69.

[17] Theo Hermans, “Norms and the Determination of Translation: A Theoretical Framework”, in R. Alvarez and M. Carmen-Africa Vidal（ed.）, *Translation, Power, Subversion*, Clevedon: Multilingual Matters, 1996, pp. 25-30.

[18] Mao Zedong, *Selected Works of Mao Tse-tung Volume I*, Beijing: Foreign Language Press, 1965, pp. 15, 192, 300.

[19] Mao Zedong, *Selected Works of Mao Tse-tung VolumeIII*, Beijing: Foreign Language Press, 1965, p. 57.

[20] Gideon Toury, *Descriptive Translation Studies and Beyond*, Amsterdam: John Benjamins Publishing Company, 1995, pp. 56-59.

[21] Lawrence Venuti, （ed. ）, *The Translation Studies Reader*, New York: Routledge Press House, 2000, p. 148.

从奈达的翻译标准来看《江泽民文选》的翻译实践

中央编译局　范大祺

【摘　要】本文以《江泽民文选》翻译实践为例对比奈达的四个翻译准则，结论是奈达的翻译理论虽然主要是用于指导《圣经》翻译的，但对于当代的翻译实践仍然具有很强的借鉴意义。他的四个翻译准则，即（1）上下文一致和词语一致（即逐字对应）之间，上下文一致是重点；（2）动态对等和形式对应之间，动态对等是重点；（3）口头形式和书面形式之间，口头形式是重点；（4）听众或读者所通用、接受的语言形式和传统上享有盛名的语言形式之间，听众和读者所通用、接受的形式是重点，在今天仍然具有很强的实用性和适用性，值得我们深入玩味与探讨。

【关键词】奈达　江选　翻译准则

2013年年初，我有幸被纳入中共中央编译局文献翻译部“以老带新”体制，导师确定为卿学民译审。在制订学习指导计划时，他要求我阅读谭载喜编著的《新编奈达论翻译》一书，希望我能从中学习到更多的新观点和新思维。下面我将以近些年来的《江泽民文选》（以下简称《江选》）翻译实践为例，解读一下奈达的四个翻译准则。

一、上下文一致和词语一致（即逐字对应）之间，上下文一致是重点

奈达认为：“单词的含义涉及不同的‘语义域’而不是‘语义点’。”就是说，一个词，不会只有一层意思，而有多层意思。在不同的语言中，相应词

的语义域不完全相同，因此要在译语中选用正确的词语来译原文，主要必须考虑上下文的一致，而不应拘泥于词语上的一致，即不应总是要求译文和原文字字对等。《江选》翻译中的很多例子都体现了这条准则，特别是由于中日文都使用汉字，因此往往容易在词语一致上下工夫，而忽略了两种不同的语法结构在互译时所需的上下文一致。例如："这样，我们才能在日益复杂的国际国内形势下保证中国现代化建设的航船始终沿着正确的航向前进，在激烈的国际竞争中始终立于不败之地。" 初译为 "こうしてこそ、われわれは国内外の日増しに複雑化した情勢の下で、中国の現代化建設があくまで正しい軌道に乗って前進し、熾烈化しつつある国際競争の中で終始不敗の地に立つことが確保できるのである. "其中对"才能"、"立于不败之地"、"保证"这样的词采用了以往文献翻译中的固有译法，原文与译语高度一致，作为日语表达相当的不自然并且晦涩难懂，而改为 "そうしなければ、日増しに複雑化していく国内外の情勢のもとで、中国の現代化建設の大船がいかなるときも確実に正しい航路を進むように舵取りすることはできないし、熾烈な国際競争を絶えず勝ち抜いていくこともできない. " 后则更加通顺流畅且日语化。"才能" 的表达被转换为 "如果不……，就不……" 的方式，"立于不败之地"被转化为"不断取得胜利"，而"保证"一词虽在译文中消失不见，但其含义却完全体现于字里行间。

二、动态对等和形式对应之间，动态对等是重点

奈达认为："要是从读者的角度而不是从译文的形式看翻译，就意味着引进另一个观点：要看译文能否为读者所理解。衡量的标准不在于译文中所用词语能否被理解，句子是否合乎语法规范，而在于整个译文使读者产生什么样的反应。"《江选》翻译也存在这样的问题，是采取忠实于原文、考虑政治性的严谨译法还是追求地道的日语、文章可读性的大众化译风，一直是一对矛盾的统一体，尽管选集翻译有其特殊性，但奈达的理论对我们来说还是有所借鉴的。比如 "我们经过坚决的斗争和艰苦的工作，第九次挫败了美国等一些西方国家在人权问题上的反华提案。" 初译为 "われわれは断固な反発ときめ細かな根回しを通じて、人権問題に関するアメリカなど一部の西側国

家の反中国議案を九回目にはねのけた．”其中“艰苦的工作”和“第九回挫败了”的译法都是字典或教科书中常见的，乍一看也符合日文语法规范，但并未向读者传达出原文的精髓。首先“艰苦的工作”译成“きめ細かな根回し”带有贬义，而“第九回挫败了”的译法容易让人联想到前八回的挫败均未成功，只有第九回才达到了目的。可以说意思已经走样，译文与原文不会使读者产生相同的反应。经修改后译文处理为“われわれは断固として抗議し、懸命に各国の協力を取り付け、アメリカをはじめとする一部の西側諸国が人権問題に関して提出した反中国議案に対し、通算九度目の勝利を得た．”“艰苦的工作”转译为“拼命争取各国的协助”，“第九回挫败了”转译为“总计取得了9次胜利”，这样一来不管阅读译文还是原文，读者的反应基本会趋于一致了。

三、口头形式和书面形式之间，口头形式是重点

奈达提出：“有人认为，译文只要书面形式好，就自然便于用口头形式表达。这种观点并不总是对的。语言的实际证明，书面形式并不等于口头形式；有的语言形式写到纸上优美易懂，但由于种种原因，念起来却难听难懂。”由于日语有敬体（多用于口头表达）和简体（多用于书面表达）之分，而《江选》的文章包罗万象，有讲话、演讲、祝辞、信函、报告等多种形式，因此考虑到读者的阅读感受，我们不得不牺牲全书在文体上的统一，并根据各篇文章的具体内容来确定译文为敬体还是简体。同时每一篇文章的遣词造句都要考虑与书面形式或口头形式相匹配。比如“不读点历史，不了解中国历史和外国历史，不知道历史和现实的联系，不掌握中外历史上的成功和失败、经验和教训，怎么治理社会、治理国家啊？怎么处理国际事务啊？怎么讲政治啊？你那个政治是很难讲起来、很难讲好的。”初译为“歴史を勉強したり、中外の歴史を熟知したり、歴史と現実のつながりを理解したり、中外史上の成功の経験と失敗の教訓を体得したりしなければ、いかにして社会や国を治めるか、いかにして国際事務に対処するか、いかにして政治を重んじるか、恐らくどう重んじても内容が乏しくつまらないものになってしまうだろう．”这段话摘自《江选》（三卷）第二篇，是江泽民在上海主持召开江苏、

浙江、上海党建工作座谈会时的讲话，全文很长，日文翻译时采用了简体，但这段话口语色彩很浓，初译显得生硬啰嗦，意思也不清楚明白。经过修改后为“歴史は全然勉強していません、中国の歴史も外国の歴史もわかりません、現代の問題の歴史的経緯など知りません、中国史と世界史が経験してきた成功と失敗から何かを学び取ったこともありません」——こんな調子で、社会や国を治められるだろうか．国際問題を解決できるだろうか．政治にいそしむことができるだろうか．恐らくいそしむ気にはならないであろうし、なったとしても長続きしないことだろう．”这样一来既有简体又有敬体，既照顾了全文的基调又体现了本段话的口语化精髓，流畅通顺，易听易懂。

四、听众或读者所通用、接受的语言形式和传统上享有盛名的语言形式之间，听众和读者所通用、接受的形式是重点

奈达的这条翻译准则主要是基于《圣经》翻译的，但对于文选翻译仍然具有借鉴意义。中央编译局日文处在《毛选》的翻译中，曾经致力于形成鼓舞工农大众的革命文风，努力翻出浅显易懂的译文。特别是当年川越先生为了这个翻译风格倾注了大量心血。那么，现在《江选》的读者群体是否有所变化呢？是否从普通大众转变为研究中国问题的学者呢？读者对象的不同，我们选择的语言和文体就会不同，因此关于读者定位的问题，值得我们继续深入地研究与探讨。但不管怎么说，翻译首先是两种语言文化之间的桥梁和纽带，听众或读者的接受和通用是第一要义。比如“抓住用邓小平理论武装全党这个根本”初译为“鄧小平理論で全党を武装するという根幹をつかみ”，如果不是经常阅读中央文献的人很难通过这样的翻译来理解中文所表述的意思，因此将其转译为听众或读者所通用、接受的语言形式就显得尤为重要了。经修改后译文为“鄧小平理論で全党を武装する意味をしっかりと理解しなければならない”，这样一来更加便于日本受众的理解，虽然未见得是100%传达了中文的意思，但起码起到了翻译的基础功效。

以上就是从奈达的翻译标准来看《江选》的翻译实践，可以说很多地方都是相通的，因此学习奈达的翻译理论能够更好地指导我们的实际工作，对翻译实践者来说是有百利而无一害的。

《江泽民文选》翻译工作的心得和体会

中央编译局　谢海静

【摘　要】在整个《江泽民文选》三卷本的翻译工作中，我们时常提到的问题之一就是如何把握对中文原文的忠实性与日本读者要求的流畅优美的日语译文之间的平衡。我们的工作经验是，在整个过程中把握三个标准，即：（1）正确传达文选中蕴含的思想（政治标准，中方同志掌握）；（2）形成能够吸引日本读者的文风（语言技术标准，日本专家拿捏）；（3）这两个要求相矛盾时第一标准优先。

【关键词】江选　流程　初译　初改

历时数年的《江泽民文选》（全三卷，以下简称《江选》）翻译工作于2012年上半年正式结束了。我和日文处的很多同志一样，都是第一次参加中央领导人选集的翻译工作。在整个过程中，大家通力合作、各负其责，可以说是保质保量地完成了中央交给我们的这项光荣而艰巨的任务，同时我们每个人也从中学到了很多东西，下面我将根据我们处的工作流程来谈一谈翻译选集的心得和体会。

一、关于《江选》翻译工作的总体把握

在整个《江选》三卷翻译工作中，我们时常提到的问题之一就是如何把握对中文原文的忠实性与日本读者要求的流畅优美的日语译文之间的平衡。说起来容易，但要找到二者之间的结合点的确很难。目前我们的初译通常倾向于前者，好处是风格易统一，坏处是容易变成直译风格，变成所谓的“字字对译”，作为日本读者容易产生阅读困难，增加了日本专家的改稿难

度。而如果更重视后者，则可能会与原文有出入，从而产生不必要的误解。同时，由于初译往往由中方同志来担任，因此如果更重视后者也容易适得其反，既与其他人的风格相脱离，又使得日本读者不明所以。

我们的工作经验是，制订科学的翻译流程，即：初译-初改-日本专家改稿—自核—互核—统一—定稿—通读—交稿。在整个过程中把握三个标准，即：（1）正确传达文选中蕴含的思想（政治标准），即译者按照原文的思想进行翻译的过程，这主要由中方同志担任；（2）形成能够吸引日本读者的文风（语言技术标准），即译者从读者理解的角度出发进行再翻译的过程，这主要由日本专家拿捏；（3）这两个要求相矛盾时第一标准优先。

二、初译的经验总结

日文处的传统是初译需追求形式上的忠实性，由此带来的最大问题就是日语表达不地道，出现了一些晦涩难懂的译文。我们的经验是：（1）把握原文各要素之间的关联；（2）明确原文的中心思想。抓住这两点就有了解决服上述问题的钥匙。关键是这把钥匙需要多年的翻译经验积累得来，同时需要很强的中文理解能力和政策领悟能力，这些都非一日之功，除了向书本学习、向实践学习、向老同志学习之外别无他法。但我们仍然要尽量向这两个方向努力，在忠实的基础上注重前后文的逻辑关系，使一切形式都为表达原文的中心思想服务。

三、初改的经验总结

由于每位初译者都有自己的个性和想法，因此即便以忠实为第一原则仍然会在风格上有所差异，有的译文名词化多一些，有的译文解释性翻译多一些。将初译后的文章统成一种文风是初改阶段必须完成的任务，这就需要初改者有一定之规，这样才能在交给日本专家前使得译文整体有模有样。

（一）词语的问题

需把握日语的固有性和中文的含义之间的矛盾：有些词语可照搬，如“自力更生”、“百家争鸣、百花齐放”等等，经过多年的文化输出，这样的词语

已经被日本读者广为接受，因此可以拿来就用，就无需再进行深入细致的意译了；有的词语需转译，如“正反两方面经验”、“艰苦的工作”等等，这样的词语如果直译，日本读者势必雾里看花，不知所云，因此必须动脑筋想办法进行恰当的翻译。例1. “我们党丰富的正反两方面经验和肩负的历史使命，都说明不断加强新时期我们党的建设是极端重要和十分紧迫的。”如果直译为“わが党の正反両面の豊かな経験および担っている歴史的使命などから見れば、新しい時期におけるわが党の建設を絶えず強化することが極めて重要かつ非常に差し迫った急務であることがわかるのである”,就会让日本读者看着别扭，而转译为“わが党は成功もすれば失敗もし、多くの経験を積み重ねてきた. そして､わが党は歴史的使命を担っている. こうした状況下、新時代における党建設の絶え間ない強化の重要性と緊急性はどう見ても明らかである”，就日语化很多，有效地照顾了读者。例2. “我们经过坚决的斗争和艰苦的工作，第九次挫败了美国等一些西方国家在人权问题上的反华提案。”如果直译为“われわれは断固な反発ときめ細かな根回しを通じて、人権問題に関するアメリカなど一部の西側国家の反中国議案を九回目にはねのけた”，就太受中文所限了，使得日本读者读起来非常难受，而转移为“われわれは断固として抗議し、懸命に各国の協力を取り付け、アメリカをはじめとする一部の西側諸国が人権問題に関して提出した反中国議案に対し、通算九度目の勝利を得た”，就清楚明了多了。有的词语需经过转译到输出的过程，如“小康”、“和谐社会”等等，“小康”的翻译史体现了时代的变迁和我们对政策的理解及认识，从“まずまずのレベル”“いくらかゆとりのある”“ややゆとりのある”到现在直接用“小康”，可以说输出的已经不是一个词语了，而是一种概念、一种文化。同样“和谐社会”也是这样，虽然现在我们还在用“調和のとれた社会”这种译法，但有的日文报纸已经直接用“和諧社会”的说法了，看来此种概念的输出已经是大势所趋、在所难免了。

（二）语法、上下文、呼应的问题

需从整体上把握中文的前后关系，使中文的逻辑和日语的结构两全其美。语法是各种语言中固有的东西，因此，翻译中的错误较少。而上下文关系如果直译的话，就会把中文的结构带到日文的译文中去，造成晦涩难懂。句子首尾的呼应在日文与中文中非常不同，因此，每位译者都应时刻留心用日文的结构来进行解释。也就是说，我们必须注重日文的规范性，而不是跟着中文的语序走，更不是中文省略的部分日文也省略、中文重复的地方日文也重复，而是要符合日文的表达习惯。这是初改阶段务必须完成的另一大任务。

四、核稿、通读的经验总结

到了这两个阶段，就需要负责此项工作的同志认真拾遗补缺，同时注重词语统一与日语表达多样化之间的矛盾。有些词语是务必要全书统一的，比如“三个代表”、“科学发展观”等等，而有些词语，特别是像副词这样的一般性基本词语，就没有必要完全统一了。不仅如此，我们还要兼顾日文表达，基本的通顺流畅必须保证。而日文处的一般做法是将通读任务交给日语界德高望重的老同志，由他们把好这最后一道关。

五、《江选》翻译与人代会报告翻译的不同

《江选》不同于人代会报告的单一文风，包括了讲话、演讲、祝辞、回忆录、信函等多种形式，语言表现力极其丰富。同时，人代会各年度的报告有一定的连贯性，因而我们对政策的把握和遣词造句方面都相对更容易些，而《江选》文章都是独立成篇，内容包罗万象，涉及政治、经济、文化、外交、军事等各个方面。这对于第一次参加选集翻译的同志来说既是个极大的考验也是个宝贵的机遇，我们既需要从过去的文选翻译工作中汲取经验、潜心钻研，又要考虑到日语环境本身也发生了巨大的变化，要极力避开过时陈旧的表现，选择新鲜并富有时代感的表达方式。可以说克服困难的过程也是我们提高、升华自己的学习过程，《江选》翻译经历将是我们毕生的财富。

论意识形态对政治文献翻译的操纵

西安外国语大学　杨丽娟、翟义超

【摘　要】近年来，虽然我国秉承“和平发展”的外交理念，但各种“中国威胁论”不绝于耳。从强调中国的“军事威胁”到抹黑“中国制造”的种种行径，无疑有损于我国在国际舞台上的政治形象。政治文献作为国外读者了解我国国情、政治制度、政治立场等的重要来源，直接影响到他国及他国人对我国政策的掌握程度，因此政治文献的翻译就显得尤为重要。从意识形态视角出发，有助于我们探索隐藏于文本之后、语言之外，但却一直操纵政治文献翻译总体趋势的因素，为语言层面的棘手问题，提供一定的解决思路。

【关键词】意识形态　政治文献　操纵改写

一、政治文献翻译概述

王小萍（2006）指出政治文献主要指党和国家领导人的言论与著述，党和政府的文件与工作报告，报刊评论等。它不仅传达党和国家的大政方针，而且还体现党和国家的意志。政治文献的英译就是将中文政治文献译成英文，包括口译和笔译，它是英文受众了解我国政治制度、政策方针、政治立场等最重要的来源。由于政治文献的翻译直接关乎世界对中国政治、经济、外交等领域的方针、政策的了解，因此，政治文献的翻译就不仅是简单的翻译，更是一项严肃的政治任务和我国国家意识形态的体现，稍有差错可能会造成意想不到的后果。

翻译从来都不是简单的文字转换。王宏志（2005）认为，“翻译只不过是用来传递某些意识形态或诗学标准的手段”。勒菲弗尔（1992）在他的著作《翻译、改写和对文学名声的操纵》一书中，首次提出改写这个重要的概念。他认为改写是一种操纵，在不同的历史条件下，改写主要受到两方面的限制：意识形态和诗学形态。意识形态主要从政治、经济和社会地位方面来限制和引导改写者的创作。然而，由于汉英语言文化、政治模式等方面的差异，以及政治文献问题特征的限制，在汉英转换中，常常会遇到种种疑难，而这些疑难得不到解决，势必会形成传递障碍，影响翻译质量，难以起到桥梁和纽带的作用。本文将结合一些翻译实例，探讨在意识形态影响下政治文献英译的常用方法，以期对政治文献翻译质量的提高略尽微薄之力。

二、政治文献翻译的意识形态倾向

勒菲弗尔（2004）认为翻译创作了原文、原作者、原文的文学及文化形象。重写就是翻译过程中译者对文本的一种操纵行为，并认为翻译是一种文化改写，也是一种文化操纵。“改写”和“操纵”的观点揭示了译入语文化对于翻译的约束和限制，在翻译过程中译者需要在此规范内进行相应操纵。像政府报告、国家政策及对外文件等政治文献，具有权威性、严肃性、准确性、政治性、时效性、客观性、完整性等特点。王弄笙（2004）认为准确性是政治文献翻译的首要特点，准确是政治翻译的基本要求，译文必须确切无误地反映原文，不能偏离愿意，更不能曲解原意。胡芳毅&贾文波（2010）指出，译者在翻译中，“目的和意图决定于任务，译者可做必要的调整。如果能清楚地定出任务并有明确的意图，译者就可以得心应手地翻译。即是说，译者就会清楚地知道，在翻译过程中必须对原文做哪些改变”，不能一味顺从翻译“忠实”、“对等”等翻译原则。例如，外宣翻译中“改革”reform和“开放”opening-up的翻译处理方法，若抛开政治因素不谈，按照英语受众的认知习惯，似乎译为transform和open-door（门户开放）更合理。然而，这便落入西方在意识形态方面设置的陷阱，此类翻译具有意识形态“着色”的痕迹。乍眼一看，二者区别不大，但经过仔细查证却会发现，reform是在原有基础上的改良，使之更完善、更合理，但不涉及本质的变化，而transform是从本质做出改变。倘若我们使用了外国媒体普遍接受的transform，那么无形之中就表明我们有改变社会主义本质之嫌（即向资本主义社会靠拢）。同理，opening-up一词中，up有向上/向外的意思，而open-door虽有开放之意，但同时也可以理解为别人为我而开门，突出了对方的主体地位，这就颠倒了主次，更为重要的是给人造成的联想是晚清时期列强强加于我国的门户开放政策，所以，opening-up一词的翻译，不仅是基于语言层面的考量，更是突出了政治文献翻译意识形态的思考。

三、意识形态对翻译的操控："改写"是必然

梁良兴（1992）指出，我国的政治文献翻译的实情是，"除一些（稿件）是直接用外文撰写外，很大一部分是中文定稿。这些中文原稿有些是约请作者专为对外报道编写的，有些原来就是为国内读者撰写的"。同时，因为文化背景的差异会产生不同的理解思维及认识，如果用我方的思维模式去理解他方行为，难免会产生歧义、误解甚至引发冲突。因此，"作为对外报道的翻译作品，在翻译成外文前都需要经过不同程度的编辑加工，也就是所谓的一定程度的改写。"（梁良兴，ibid）。

（一）意识形态对翻译目的的操控

德国的翻译家汉斯维米尔（2000）指出，只有将目光转向译本的目的，根据目的变通采用的翻译策略与方法，才可能产生满足需要的译文。胡卫平（2006）指出："翻译是一种跨越语言与文化的交流活动，译文不可避免地留下了文化、意识形态以及思维方式的烙印。"历史经验表明，国家间的交流始于不同文化与意识形态的冲突与碰撞，这意味着一定程度的外来文化渗透，是外来文化对本土文化的破坏和颠覆。而本土文化意识形态的代言人必然会利用权力话语直接干预翻译过程，对外来文化异质进行改写或再造。在改造过程中，由于译者受到赞助人等权力话语代表的影响，使得译者具有直接和有效的话语解释权，译者会将意识形态的操纵掩盖得不留痕迹。文化可谓是意识形态最为有效的掩盖或突出方式，它与意识形态紧密联系，伴随着跨文化交流的增多，引起的意识形态方面的问题和冲突也愈演愈烈。在不同的历史时期，由于意识形态的不同导致了翻译目的大相径庭。我国政府在1997年7

月1日恢复对香港行使主权是举世瞩目的重大事件，而中外媒体关于此事的隐性斗争也异常激烈。国内的英文报刊把香港的“回归”一般译为“return”，例：

（1）The report was divided into several parts…ensuring the smooth return of Hong Kong and promoting the reunification of the motherland. （Beijing review. Mar. 17-23. 1997. p. 7）

（2）He will officially take office on July1, 1997, the day Hong Kong reverts to China. （Time. Dec. 23, 1996. p. 47）----朱刚：2000（1）

虽然两种翻译仅一字之差，但这却反映了意识形态影响，甚至决定着翻译目的。把香港回归翻译为“Return”十分恰当，因为return在上文语境中具有“主权移交”、“领土回归”这类的字面意义。此外，这个词还有重要的政治含义。根据权威的《牛津英语大辞典》（1989年版）的解释，其含义之一是“物归原主”，尤其指归还被他人非法强占的财产，或被强盗硬行夺走的财物（recovery of sth taken）。而revert的词义在一般的词典里与return基本一致，都有“返还”、“返还到原来状态”的意思。但是在《牛津英语大辞典》中它还是一个法律词语，指捐赠者捐赠的财产到了捐赠者与接受者商定的法律期限后返还给财产的原捐赠人或他的财产继承人。显而易见，外国媒体极力粉饰当年的侵略行径，政治意识形态对翻译目的的影响也可见一斑。

（二）意识形态影响翻译策略

翻译不是在真空中进行，两种语言在两种文化传统的语境下发生碰撞，译者周旋于两种文化传统之间，心中有一定的目的，按自己的主张进行翻译，不可能是中立的、客观的（lefevere, 2006: 11）。莱斯（2004）指出，某一特定文本是以某一种功能为主导功能，也会兼顾其他功能。如政论和演讲是以召唤功能为主，同时具有表达和信息功能；官方文稿是以表达功能为主导，同时具有信息功能和召唤功能。根据莱斯和纽马克等人的功能主义文本类型，政治文本的翻译应根据其类型和功能来选择恰当的翻译策略和方法。

1. 删减法

删减法指删除一些重复的话语、行话、术语、诗歌、高调的话语以及秘书腔。因为当下很多文件的撰写由专业的秘书代写，完成之后需要领导过目，需要迎合领导的语言风格，故容易出现“秘书腔，常常带有政治色彩的套话、空洞口号。当中文原文中含有中国特色的思维方式和表达手法、独特的政治生活和语用色彩的一些描写和语言时，译者需要根据英美人的思维方式和语言表达习惯采用删减法简化语句和结构；当中文原文中含有晦涩、呆板的语言以及套话时，译者也应适当删减以突出事实和重点，对不必要的信息作出大胆的删减。

第六届中国厦门对台商品交易会暨海峡两岸机械电子商品展销会：the Sixth China Xiamen Commodity Fair&Machinery and Electronics Exhibition（方梦之，2004: 41）.

在汉语语境下，此次展销会主要目的是促进台湾和中国大陆的经济交流，所以原文强调“对台”、“海峡两岸”等字样。但考虑到主办方也邀请了一些欧美客户参加此次展销会，如果译文不删减“对台”，“海峡两岸”这些词语，则会使欧美客户望而却步，无法实现目标文本的预期功能。

2. 重构法

重构法也叫改写法，即译者抓住原文的精髓，通过删减、增补、重组等方法重建原文的信息内容和结构，增强译文的可读性和可接受性，减少中式英文和翻译腔。重构包括对标题的重构和对句子顺序、语篇模式的重构。

2007年12月，台塑集团董事长王永庆、富邦集团总裁蔡万长等数位台湾重量级企业界人士一起拜会台“总统”陈水扁，要求当局尽快调整限制两岸经贸交流的“戒急用忍”政策，开放两岸“三通”。Last december, some noted Taiwan business leaders visited Chen Shuibian, the so-called “president,” requesting the authority adjust the policy of “don't be hasty, be patient” on the ecomoic exchanges across the straight and to open up the “three exchanges” as soon as possible. ——（贾文波，2008: 275）.

上述例文中，不仅“president”加上了引号，还在该词前面加上了“so-called”，政治立场不言自明。同时，将原文中具体的人名和单位去掉（“台湾重量级企业界人士王永庆、郭台铭”），突出了主流信息。译文也变得简练，避免了冗余累赘。

四、结语

翻译活动的历史和现实告诉我们，翻译现象并非简单的语言转换，它蕴涵着政治特性，可以说翻译是一种改写，这几乎已经得到了众多学者的认同，尤其是政治文献这类特殊的文本类型，其改写的痕迹更是可见一斑。不过值得注意的是，这种“改写”已不再拘泥于文字间对等转换的语言操作，而是更高层面的文化对话与交流，是不同的意识形态和文化传统相互碰撞的结果，与译者的意图和翻译的目的密切相关，反映出译者所处时代和社会的主流意识形态和诗学观，体现出赞助人的意志和译者的双重文化身份。但另一方面我们也要看到，意识形态下的操纵改写在某种程度上也难免有失偏颇，如果过分强调文本外因素，过分强调译者主体性的操纵发挥，而忽视了语言文本，那么就显得本末倒置了。

参考文献

[1] 方梦之：《英汉-汉英应用翻译教程》，上海外语教育出版社 2004 年版。

[2] 胡芳毅、贾文波：《外宣翻译：意识形态操纵下的改写》，载《上海翻译》，2010 年第 1 期。

[3] 胡卫平：《意识形态-操纵翻译的无形力量》，载《同济大学学报（社会科学版）》，2007 年第 2 期。

[4] 梁良兴：《从翻译角度谈对外报道中的一些问题》，载《中国翻译》，1992 年第 6 期。

[5] 贾文波：《汉英时文翻译教程》，中国对外翻译出版公司 2008 年版。

[6] 王弄笙：《十六大报告汉英翻译的几点思考》，载《中国翻译》，2004 年第 1 期。

[7] 王小萍：《政治文献英译的疑难及其解决办法》，载《山东外语教学》，2006 年第 5 期。

[8] 朱刚：《Return 还是 Revert-当代“翻译学”的一个个案分析》，载《外语与外语教学》，2000 年第 1 期。

[9] lefevere, A. *Translation, Rewriting and the Manipulation of Literary Fame*. London and New York: Routledge, 1992a, pp. 33-34.

[10] lefevere, Andre. *Translating Literature: Practice and Theory in a Comparative Literature Context*. Beijing Foreign Language Teaching and Research Press, 2006, pp. 17-19.

[11] Reiss, Katharina. T*ranslation Criticism: The Potentials&Limitations.* Shanghai Foreign Language Education Press, 2004.

[12] Vermeer. Hans. *Skopos and Commission in Translational Action*, A. Chesterman（trans）. London: Routledge, 2000, pp. 221-232.

依循政治的逻辑

——中央文献英文翻译

中央编译局　孙显辉

【摘　要】中央文献的政论文文体特点是用词规范、严谨、庄重，逻辑严密，说理性强，内容往往较复杂，句式结构变化多样，重整体布局，重修辞。当政治的严肃性压垮学术的活泼性和创造性，中央文献英文翻译的任务就应该是力争对政治的领悟综合运用，增加创造性，全面而不是孤立地看问题，纵向横向结合，历史与现实融合，理论与实践结合，依循报告的逻辑，尤其是其政治逻辑，揭示出翻译的真谛，即保持原文与译文的平衡平等，保证中央文献翻译的政治信度。本文试通过历年来中央文献中的若干具体实例来阐述说明以上观点，希望能对充实中央文献英文翻译理论体系有所贡献。

【关键词】中央文献　政治逻辑　政治信度

翻译的真谛，是保持原文与译文的平衡平等，是通过信息的传递和交换，将原意传神达意地转换成目的语。这就是我们讲的信，信从来都不是抽象的，而是具体的，表现在政治文献的翻译方面，即是政治信度，依循政治的逻辑。在保证中央文献翻译的政治信度方面，难点至少有以下两个：

一是中央文献具有用词规范、严谨、庄重，逻辑严密，说理性强，内容复杂，句式结构变化多样，重整体布局，重修辞等特殊的文体特点。当政治的严肃性压垮学术的活泼性和创造性，中央文献英文翻译的任务就应该是力争对政治的领悟综合运用，增加创造性，全面而不是孤立地看问题，纵向横向结合，历史与现实融合，理论与实践结合，依循报告的逻辑，尤其是其政治逻辑，实现原文与译文的平衡平等。

二是中央文献归根到底是政治文献，其翻译的首要要求是讲政治。人们倾向于从政治或政策的角度去解读这些译文，党政文件翻译不仅仅要求我们在党政话语的框架下进行理解，以跨文化转换为目的进行表述，同时更重要的是，它要求我们保证高度的政治信度，也就是要求我们在翻译过程当中讲政治，在政治上进行把关，在整个翻译过程中依循政治的逻辑。

保证文件翻译的政治信度，在政治上进行把关，归纳起来讲，一般可以从以下几个方面入手。

一、摆脱原文形式上的羁绊，体现内容上的忠实

信，不是死译，不是照本宣科，当然翻译的本身也不是照本宣科，应该被受众接受。怎么样才能达到这样的目的呢？我们把我们的政治习惯、政治意图放在首位，从细微处发现问题，解决问题，体现以细节论成败的理念。

比如：香港、澳门的回归可以翻译为 return to China 或 return to the motherland, 但不能说 return to Chinese sovereignty 或 return to Chinese rule. 因为香港、澳门只是分别被英国和葡萄牙强行占有，或者是美其名曰的租借，中国政府从来都没丧失过对香港、澳门的主权，所以 return to Chinese sovereignty 显然与历史事实不符，在感情上我们也不能接受，我们从来没有出卖过香港、澳门。

十八大报告中，把“坚持社会主义市场经济的改革方向”译为 keep improving the socialist market economy, 而不是字字对译为 continue in the direction of reform to develop the socialist market economy, 显然，第一种译文更加简洁清楚，同时避免了名词肿胀症（Noun plague）。

二、措词

汉英翻译中永恒的话题，仍是措词，党政文件翻译尤其如此，否则，会差之毫厘，谬以千里。

例如，《江泽民文选》这样表述道：“在我国社会阶级关系和主要矛盾发生根本变化的历史条件下，在建设社会主义的历史进程中，统一战线仍然是

中国共产党的总路线、总政策的重要组成部分，仍然是我们排除万难、夺取胜利的一大法宝。”按照字面意思，“法宝”是一种能降妖伏魔神话般的宝物，是一种利用超自然威力的武器。如果照此意翻译 magic weapon，就失去了中央文献的政治特色，与中国共产党的基本要素和基本理念背道而驰，应该译为a powerful instrument。原因有二。第一，共产党是无神论者，降妖伏魔也好，超自然威力也好，这些都与共产党的本质格格不入。第二，统一战线从来都是不需要动刀动枪的，杜绝武器，在战争年代不需要，和平建设时期更是如此，否则就不能称其为统一战线。

再比如，十八报告中的“加强和改进思想政治工作”，译为 We should strengthen and improve education in values，而不说 ideological and political work，因为 ideology、ideological 在现代英语中贬义较强，多用于贬义语境，根据外宣的需要，也依循翻译过程中讲政治的原则，可以把思想政治工作转译为加强价值观的教育更容易让人接受。

“基层”不译为 grassroots。grassroots 的准确译法是草根阶层，确切含义是指社会中底层无组织、自发形成的群体，通常与权利相对立。草根阶层所发起的运动通常要求改变社会现状，如上世纪中期美国的民权运动、妇女解放运动等。而在我国政治语汇中，基层是指政治制度中最基础的层次。为准确反映基层的含义，可将其译为 community，基层民主可译为 community-level democracy.

三、用词要掌握分寸，留有余地，不说过头话

党政文件涉及党和国家的大政方针，具有鲜明的政治性和强烈的政策性，用词严谨，讲究分寸，在翻译过程中也要注意这一特点，在英文表达上留有余地，把握轻重。

“完善”不译为 perfect。Perfect 是达到完美状态之意，过了。完善开放性经济译为 to improve the open economy 即可；译成 to perfect the open economy 就过头了，optimize 指达到最佳状态，同 perfect 一样，实际上做不到，可不用。其实，完善就是改善，用 improve 就可以。

“公有制在经济中占有主导地位”The public sector is dominant in the

economy. 主导地位用dominant不妥，过了。dominant是指占统治地位，和monopoly相似。可译为：The public sector is the leading sector/mainstay of the economy.

“政治体制改革”不译为 political restructuring。Restructuring 指推倒重来，重组。译政治体制改革要掌握分寸，可译为 reform of the political structure. .

“保障”不译为 guarantee。Guarantee 是比较绝对、不留余地的说法，可少用，可用 ensure 表述。例：为党和国家事业发展提供了有力保障 ensuring progress in advancing the cause of the Party and the country.

四、中文原文错，或不严谨，不能以讹传讹，要根据实际意思，予以表达

要注意的是，我们没有任何权利去篡改原文所反映出的政治思想上的是与非，理论路线上的对与错。但是，我们对语言逻辑判断等失误，则必须深究，挖出根源，找出原因，灵活处理，从译入语的习惯规则加以理顺，这完全是行情合法的。

比如十八大报告中“繁荣发展少数民族文化事业”一句译为 We should promote the development and flourishing of cultural activities of ethnic minorities. 由发展到繁荣是事物发展的一般规律，译文中把“发展”调整到“繁荣”之前，更符合逻辑顺序。

以上就是我关于在中央文献翻译过程中保证政治信度的几点粗浅认识，希望能对提高中央文献外文翻译技巧有所帮助。

参考文献

[1] 江泽民：《人民政协继往开来的方向和使命》，1999 年 9 月 22 日，见《江泽民文选》第 2 卷，人民出版社 2006 年版。

[2] 《中国共产党第十八次全国代表大会文件汇编》，人民出版社 2012 年版。

[3] The CPPCC'S Orientation and Mission for Carrying its Cause forward into the Future, Jiang Zemin, September 22, 1999, *Selected Works of Jiang Zemin*, Volume II, Foreign Languages Press Co. Ltd, Beijing, China, 2012.

中央文献翻译中的等值问题

中央编译局　肖德强

【摘　要】本文选取了翻译理论中的核心问题——等值——作为切入点，依据俄罗斯当代著名翻译学家B. H. 科米萨洛夫的等值理念，并结合我国政府文件和领导人著作翻译中的典型译例，从五个方面分类型、分层次进行了详细分析，希望对从事中译外研究的人员以及对翻译问题感兴趣的读者有所启发。

【关键词】等值　中央文献　中译外

“等值”是翻译理论中的核心概念。当代俄罗斯著名翻译学家B. H. 科米萨洛夫指出，所谓“等值”就是原文和译文在不相等同情况下的相对一致，也就是说，译文要最大限度地再现原文。一般来说，判断一篇译文是否优质的最根本标准就是看其是否达到了真正的等值。中央文献作为信息类资料中的一个重要类别，具有一些不同于其他语体材料的特点。这类材料的特殊性质决定了译者在翻译过程中要绝对忠实于原文，要做到译文的高度准确，因而这类材料的翻译也就对译者提出了更高的要求，在翻译过程中必须要认真揣摩原文的每一个字句，充分理解原文意思；要考虑到作者的领导人身份；要了解文章的历史背景、具体语境及受众的身份等；同时，还有非常重要的一点——要时刻保持高度的政治敏锐性。只有考虑到以上种种因素，才有可能做到等值翻译。

本文将从以下几个方面，结合实例和作者几年来中央文献翻译工作的体会，简要阐述中央文献类材料的等值翻译问题。

一、对中文的理解不能有任何马虎

（一）注意简单词句中隐藏的陷阱，避免机械化思维方式导致错译或死译

我们在翻译过程中经常会遇到这样一些词句，乍看上去没什么难点，似乎很容易理解，但其实际意思往往不像字面上看上去那么简单，需要深入思考，稍不注意就很容易译得不准确。比如，两会报告中经常出现“城镇居民基本医疗保险”这个词，这里我们就不能简单地译为“основное медстрахование для городского населения”，实际上它不包括从业人员，所以正确的译法应为“основное медстрахование для неработающего городского населения”。

再看下面这个句子：不断推进改革开放，建立和完善适应生产力发展要求的经济制度，确立了社会主义市场经济体制的改革目标。

这里如果不注意，很容易从字面上理解成“社会主义市场经济体制的目标”，实际上我们还没有确立社会主义市场经济体制，而是要把“确立社会主义市场经济体制”作为我们的改革目标，所以正确的译法是：Мы непрерывно продвигали вперед реформы и открытость, создали и совершенствовали экономическую систему, отвечающую требованиям развития производительных сил, определили, что целью реформ является создание системы социалистической рыночной экономики.

又如：拿出一部分财政收入来保证国有企业下岗职工的基本生活和再就业。

参考译文 1: Государство выделяет часть бюджетных доходов на обеспечение основных жизненных потребностей сокращенного персонала госпредприятий и на их трудоустройство.

参考译文 2: Государство выделяет часть бюджетных средств на обеспечение основных жизненных потребностей сокращенного персонала госпредприятий и на их трудоустройство.

这里的“财政收入”一词，如果单独拿出来翻译的话，毫无疑问是“бюджетные доходы”，但仔细分析上下文我们就会发现，此处实际上指的是“支出”，而非“收入”，所以用“средства”替换“доходы”就显得更为合适。

（二）根据语篇环境和上下文准确理解原文

有时候，一个词或者一个句子在本句或本段中不好理解，但是通过它所在篇章的背景或上下文，我们可能就会一目了然。

例如下面这个句子：党的十三届四中全会以来，根据邓小平同志关于“这个党该抓了，不抓不行了”的意见，中央采取了一系列重要措施来加强党的建设，各级党组织为此进行了大量工作，已经开始见效。

究竟该怎样理解“这个党该抓了，不抓不行了”呢？从字面来看，这句话有两种意思，一种是：“党该抓这个了”；另一种是“这个党该抓了”。单从这个句子本身不好判断哪种意思是正确的，但如果我们找到此句的出处（《邓小平文选》第三卷《第三代领导集体的当务之急》），阅读全文后便会明白，这里讲的是抓党的自身建设，这个党本身该抓了。所以该句可以译为：В соответствии с мнением товарища Дэн Сяопина насчет того, что «пора браться за эту нашу партию, иначе никак нельзя», ЦК КПК после 4-го пленума ЦК 13-го созыва предпринял ряд существенных мер в целях усиления партийного строительства. Огромная работа, которую проделали все партийные организации, дала первые результаты.

（三）注意时政学习，了解党和国家的重要方针政策

人代会和党代会文件中大部分内容都是涉及党和国家方针政策的，如果译者对后者一点都不了解的话，翻译起来就会比较困难。中文的语法结构有时并不是特别严谨，不少词句既可以理解成这样，也可以理解成那样。

比如十八大报告中有这样一个句子：坚持走中国特色新型工业化、信息化、城镇化、农业现代化道路。这里的“新型”实际上只是指工业化，但如果译者对此问题缺乏总体了解的话，就很难做出正确的判断。

再如2012年政府工作报告里面有这样一个句子：发布实施“十二五”节能减排综合性工作方案、控制温室气体排放工作方案和加强环境保护重点工作的意见。这句话中出现了两个“工作方案”，前一个毫无疑问是指“十二五”规划中包括的，但第二个就不很明确了，因为“十二五”这个限定语离它比较远。当然，如果我们对国家政策有一定了解的话，就会知道这两个工作方案均属“十二五”规划中所涉及的。

这样的例子在两会报告中非常多，这就要求我们平时要注意积累，对国家的重要方针政策至少要有一个大体的了解。

二、一定要有政治敏感性

中译外的工作，不管是译成哪种文字，都是给外国人看的，都是为了起到对外宣传的作用，所以在翻译政治类材料，特别是翻译中央文献时，一定要有政治敏锐性，否则一旦出现政治上的失误，文字翻译得再好也是徒劳。

例如，我们在翻译政治经济类材料时，经常会碰到“亚太经合组织成员国”一词。很多人会迅速地把“成员国”译为“члены-страны”。当然，这种译法的语言意义本身是没有错误的。但从背景知识的角度来说，亚太经合组织的众多成员里除了一些主权国家之外，还包括中国的香港和台湾，而它们只是中国的两个地区，并不能被称为“страны”。这是涉及中国主权的严肃问题，所以我们必须将其译为“члены АТЭС”或“участники АТЭС”。

又如“海湾战争”一词，我们一般的译法是“война в Заливе”。大多数人都知道，这里的“海湾”指的是波斯湾，位于西亚中部。有人可能会问，为什么要这么译呢？是不是没说清楚呢？之所以这样处理的原因是，长期以来关于“海湾”的叫法一直存在争议，伊朗把“海湾”称为“波斯湾”，而阿拉伯国家则将其称为“阿拉伯湾”。为了避免引起外交纠纷，最好淡化处理，因此我们选择将其译为“Залив”。

三、根据语用环境寻求最佳译文

下面这个例子可以非常到位地说明，我们在翻译过程中经常需要结合文章的语用环境来判断某些词语的运用。

原文：希望大家迅速行动起来，上下一心，团结一致，真刀真枪地打击走私，打击经济犯罪和腐败现象。

参考译文 1: Хотелось бы надеяться, что все товарищи срочно мобилизуются и , сплотясь сверху донизу как один человек, начнутся действительно бить по контрабанде, по экономической преступности и явлениям разложения.

参考译文2: Хотелось бы надеяться, что все вы срочно мобилизуетесь и , сплотясь сверху донизу как один человек, начнете действительно бить по контрабанде, по экономической преступности и явлениям разложения.

为什么译文2中将“все товарищи”改为“все вы”呢？如果单看这个句子而不考虑此句所在文章的出处是很难判断的，将这里的“大家”译成“все товарищи”似乎也是无可厚非的。但是，这句话所在的文章摘自江泽民同志会见全国打击走私工作会议代表时的讲话。这是一篇大会发言稿，在场的听众就是文章针对的对象，也就是句中所说的“大家”。显然，对在场的听众是不能用第三人称的，所以将其译成第二人称的“вы”才是正确的选择。

四、根据文章的历史背景做到等值翻译

《江泽民文选》第二卷第176页最后一段有这样一句话：在几十年的革命过程中，有多少无名英雄为革命贡献了一切。由于一些复杂的历史原因，他们中有的人甚至临死还背了包袱。

如果不了解其历史背景，就很难处理“背了包袱”这个词组，而采取直译的方法则会让读者无法理解。所以，这里必须结合当时的历史背景去分析。其实，这个句子指的是，在那个特殊的年代许多人受到了一些没有道理的指控。理解了这一点，我们自然就好处理了。

参考译文：Сколько неизвестных героев отдало все на благо революции, длившейся не один десяток лет! А кое-кто из них, по ряду сложных исторических причин, даже до самой смерти нес на себе тяжкую ношу обвинений.

五、不同“体裁”要体现不同的修辞色彩

这里所说的不同“体裁”主要是指不同类型的文件和报告等。很多俄语词汇的使用是因“体裁”而异的，所以在翻译不同的文件、报告时要选择使用不同的俄文对应形式。

比如，我们在翻译每年的人代会报告时，财政报告跟政府报告在行文上应该是有所不同的。因为财政部只是负责拨出资金用于具体政策的实施，它

不像国务院那样负责制定政策并负责实施与完成，所以在翻译财政报告时，我们应该尽量少用如“Необходимо”、“следует”等表示指令性的词语。

又如，“命令”、“决定”一词在党的文件中出现时，我们可以译为“постановление”、“резолюция”、“решение”等，但是不能译为“приказ”，因为“приказ”一词通常用于军队或者政府机构的文件中。

有人认为，中译外是一项明知不可为而为之的事情。我对此深有体会，中译外做起来确实相当不易。做翻译工作的人都清楚，把作品译成自己的母语相对要容易些，而要把母语译成外语，难度便可想而知。但这不应该成为我们退缩的理由，相反，我们更应该坚持学习，刻苦钻研，力求在中译外翻译中达到最大限度的等值。

参考文献

[1] 〔俄〕科米萨洛夫 B. H.:《当代翻译学》，汪嘉斐等译，外语教学与研究出版社 2006 年版。

[2] 《邓小平文选》第 3 卷，人民出版社 1993 年版。

[3] 《江泽民文选》第 2 卷，人民出版社 2006 年版。

[4] 《2012 年政府工作报告》。

[5] 《胡锦涛同志在中国共产党第十八次全国代表大会上的报告》。

论翻译中的忠实原则

中央编译局　高璐

【摘　要】本文从政治、宗教、文化、语言等方面举例说明翻译时应该充分考虑对象国的具体情况，努力向目标语言靠拢、对读者受众忠实。

【关键词】忠实读者　政治宗教　文化语言

关于翻译时是忠于原作还是倾向读者，翻译界从古至今、由外而内一直争论不休。比如，古希腊的贺拉斯主张活译，强调对“顾客”的“忠实的翻译”；中国近代的鲁迅则提出“宁信而不顺”，突出对原文的严谨的遵从。孰是或孰非，扬此或抑彼，翻译界至今没有恒定的标准。本人曾有机会在巴黎高等翻译学院学习笔译一年，受其教引，比较倾向于对目标语言的靠拢、对读者受众的忠实。

众所周知，翻译是把一种语言转换成另一种语言，但如何能准确完整地传达出原作者的意图并让目标受众不具障碍地接收明白是考验译者的重点与难点。因此，拥有对这两种语言的熟练掌握只是前提条件，了解隐藏于语言背后的对象国深长的历史、丰富的文化、复杂的政治经济等等更是不可或缺的必要条件。翻译时，出于对读者受众的忠实，就必须把这些因素都考虑进去。

一、政治因素

因为历史、文化等原因，不同国家选择了不同的发展道路和社会制度。最明显的体现就是，欧美等奉行资本主义，而中国在社会主义道路上大步前行，努力实现共产主义。鉴于资本主义对社会主义、共产主义的破坏、诋毁从不间断，如果恰巧身处其间，那译者该如何自处？美国总统奥巴马第一次当选发表就职演说，央视进行直播，有一段话相信大家都有耳闻："Recall that earlier generations faced down fascism and communism not just with missiles and tanks, but with sturdy alliances and enduring convictions. "直译过来是：回想过去抗拒共产主义与法西斯主义的时代，靠的不只是飞弹与坦克，也仰赖坚定的联盟与持久的信念。当时负责同传的翻译非常流畅地转述出来，但直播的电视信号在她说到"抗拒共产主义"的时候突然断掉，换成某个记者对奥巴马上台后将要面临的困难的评论。可以推测，在同传的高强度下，该名翻译忘了自己身处的立场：她正在翻译给一个信仰共产主义的国家听。所以，为了避免可能引起的纠纷，在不影响整体意思的前提下，她其实可以忽略，也就是不翻译"共产主义"这个词。这个事件当时在很多论坛上广为讨论，当然，讨论的角度远远超过了翻译这个范畴，但就事论事，它也提醒作为翻译的我们要时时绷紧政治这根弦。

二、宗教因素

基督教、犹太教、佛教……各个宗教拥有自己的完整教义，有力图捍卫的道德理念，也有坚决抵制的价值观点，它们在为世界多姿多彩作出贡献的同时，也成为某些地区暴力冲突的根源。所以，遇到此类敏感话题，翻译时尤其需要小心。比如，有一篇关于高级腕表海瑞温斯顿的宣传广告，最后一句是：Such skills create the magic of Harry Winston—making a woman feel it's the only thing she's wearing. 直译过来，"正是如此精湛的技艺成就了海瑞温斯顿的魔力——让每一个女人觉得它是自己身上穿戴的唯一物件"。类似的意思，再怎么雕琢，放在阿拉伯世界也是很不妥当的。因为根据伊斯兰教义，妇女都得严严实实地包裹着黑衣、头巾甚至面纱，这句突出女性感受、容易让人产生联想的话语若是在这些国家堂而皇之地出现，怕是会遭到极端分子的仇视。作为译者，如果没有办法和原作者联系提出上述考虑，那所能做的，只有尽可能地引申转折了。比如，可以译成："让它成为女人最闪亮的贴心密友！""让它成为每个女人内心深处的唯一渴望！""让每个女人深感：一旦拥有，别无所求！"……把原广告词具象上的唯一演绎成精神上的渴求，降低了被阿拉伯世界拒绝的风险。

三、文化因素

文化渗透到生活的方方面面，所以，它是与我们翻译联系最多、最为直接的因素。文学作品翻译、影视作品翻译、日常生活翻译……或多或少都会遇到因为文化不同而需要特别处理的情况。的确，放眼全球，各自的历史、各自的生活方式、各自的社会习俗……每个国家都有自己独特的文化，无论它是辉煌还是平淡，张扬还是内敛。所以，对一国人民来说耳熟能详的词语到了另一国，很可能因为理解者寥寥而不被人接受。这种情况下，是为了忠实于原文一板一眼地翻译，还是在对象国的文化中寻找可以达到同等表达效果的词汇？本人倾向于后者。举例说明，有篇法文文章中出现了“talon d’Achille”，也就是“阿喀琉斯之踵”。阿喀琉斯是古希腊的英雄，因为从小被母亲倒提着浸在冥河水中，全身除了脚踝外刀枪不入。对于深受古希腊古罗马文化浸淫的欧洲人而言，他们能迅速领会到该词表达的意思：薄弱环节。但如果翻译成汉语，普通中国民众缺乏对该段文化的认知，一般都无法明白它的指代意向。所以，斟酌之后，比较合适的译法是“软肋”，不仅意思没有变化，也同样采用了身体的一部分进行比喻，比较对等。当然，这样处理的前提是该词在整篇文章中并不重要，仅仅充当“薄弱环节”的略显文乎的替代词。如果是在一篇旨在宣传古希腊文化的文章中，那么，这个词作为能够很好体现这段神话历史的载体之一，肯定不能这样简化处理了。另一个例子，日常交流中，中国人很平常的一个词“乌鸦嘴”，如果如实翻译成法语 bec du corbeau, 那就免不了还要和法国人解释一番：在中国，我们常用这个词责怪某人说错了话，带来了霉运。但如果换一个译法：chat noir（黑猫），相信对方能马上明白这是一个不吉利的形象，从而省去了解释的口舌。

四、语言习惯

有的作者选用的词汇非常高深，有的作者比较口语，有时候，译者就需要根据对象国的习惯，在尊重原作品风格的前提下，对语言风格稍作调整。这方面比较明显的例子是村上春树的作品翻译。他的原文其实选用了很口语化的表达，不太适合中国人的习惯，所以林少华老师翻译时往"雅"里偏了偏。结果就是，村上春树的小说在西方常被称为Cult Fiction（邪典小说），而在中国，成了"小资"的代名词。从村上作品在中国受欢迎的程度看，林老师为了适应读者语言习惯而作的改动还是很成功的。

以上我只是从政治、宗教、文化、语言方面举了几个简单的例子，其他因为经济、地域等原因导致翻译时需要选择的情况肯定也比比皆是。不管怎么说，不同的译者有不同的忠实对象，都是仁者见仁、智者见智。

以巴黎高等翻译学院的老师、口笔译界有名的大师Daniel Gile的话作为结束："La question est de savoir non pas si les textes de départ et d'arrivée en tant que tels sont équivalents, mais si leurs effets sur leurs lecteurs respectifs sont équivalents. Plus précisément, il s'agit de savoir si en les lisant, ces lecteurs ressentent les mêmes sensations et comprennent ou retiennent les mêmes informations, s'ils les interprètent de la même manière, s'ils ont les mêmes réactions affectives, etc. dans l'affirmative, même si les textes de départ et d'arrivée n'ont pas strictement les mêmes caractéristiques textuelles, fonctionnellement, la traduisibilité a été réalisée. "大意是："问题不在于源文本和目标文本在语言上是否对等，而在于它们对各自阅读对象产生的效果是否一致。具体说来，就是它们各自的读者在阅读的时候，是否产生同样的感觉、获得同样的信息、以同样的方式加以理解，从而拥有同样的情感体会。如果答案是肯定的，那么即使源文本和目标文本并非逐字逐句严格对应，从功能上来说，文本的可译性也已经实现。"

何为启蒙？我之管见

【德】康德/著　　天津外国语大学　张国敬/译

【摘　要】这是康德于 1784 年 12 月发表于《柏林月刊》第 4 卷第 12 期为回答一位柏林牧师策尔纳提出的“何谓启蒙”而撰写的文章，由尼斯贝特译成英文。文中，康德对蒙昧的原因，启蒙的意义、必要性和实施步骤，私下运用理性和公开运用理性的区别，公开运用理性的意义，作了精辟阐述，对公权力的制约和公民尊严的尊重也有提及，并特别强调了公民自由的重要性。这是一篇极具启示意义的历史经典文献。

【关键词】康德　启蒙　公开运用理性

译者前言

康德的这部有关启蒙的经典之作问世已经200多年，在这200多年里，人类经历了诸多变化，同时在自然科学和社会科学方面均取得了长足进步，康德的观点也得到了充分的验证。封建专制、非理性盲目、愚昧迷信在世界范围内都得到了不同程度的消除或消减，“自由地公开运用理性”发挥了，并将继续发挥其强大功能，“启蒙”、“理性智慧”对于人类文明与进步的推进作用得到了充分的体现，并将进一步得到体现。

中国在这200多年里也同样经历了诸多变化并取得了显著进步。1911年辛亥革命结束了在中国持续了2000多年的封建专制体制；五四运动不少仁人志士做了很多有益的探索和追求——崇尚民主与科学、宣传启蒙思想，但大多成为空谷足音；亦有人宣传并试图借助革命的杠杆撬动历史的车轮，但历史轮回的迹象仍隐约可见；在摆脱不断走向被奴役和自我奴役之路，消除“救世主”情结，走出监护与被监护状态，社会公权力得到有效制约与监督，充分运用自己的理性，实现全民族的启蒙，以最终实现“顺乎天而应乎人”的目标等诸方面，仍时时给人以“昨日如斯，今日如斯”之感。

中国目前正处于特殊的关键时期。经济在这几十年里得到了高速发展，但社会资源占有的不公平使得利益集团和意识形态分化，而以权力为中心的物欲浪潮变得越来越汹涌澎湃，且攫取手段与道德伦理愈发脱节，人与人之间、人民与国家之间的基本信任正在失去，非理性躁动、焦虑正在不断蔓延。心口不一、言行迥异已成惯性；好人欲从善而难得，坏人纵恶却能得，利已渐成常态；大多数人在沉默或虚伪的状态下徘徊于精神和内心世界的路口。在这种逐渐深陷世俗化的多元价值的背景下，我们以什么呼唤未来？唯有理性——这个社会赖以生存的基础，才可能维持精神世界乃至物质世界的宁静与秩序；唯有启蒙——人类从自己招致的未成年蒙昧状态摆脱出来，才能保证中华文明能够突破瓶颈实现真正的跨越。只要专制、官僚和教条主义的思想仍盘踞在民众的头脑中，启蒙运动与现代性就必将继续下去，无论道路多么艰难曲折，代价多么高昂。经济发展需要制度、道德与良知的同步，需要理性的声音，更需要让生命享有自由和尊严。康德的这部作品对中国的现状与发展多方面都有极具针对性的启示意义，甚至指导意义，然而其丰富的哲学和思想内涵还有广阔的挖掘与弘扬的空间。

翻译这部经典之前，译者认真研读了数遍，包括一些背景知识和相关论述，力求读懂读透，绝非看过。从语义、语法、结构、修辞乃至审美等不同视角充分理解并接受原作者的意图和语言表现方式。在表达方面，对一词一字，甚至标点符号都结合上下文，并考虑整篇文章主题照应和连续性做认真比较推敲，对每句话、每个段落的意义都仔细斟酌，既考虑读者思路的连贯、宏观意义的协调一致，又努力找出现实社会中的实例来支持每句话、每个段落的语义确定性和有效性，从而进一步加深理解，不让任何连自己都觉得含混不清的文字出现，以消除“以其昏昏，使人昭昭”之嫌。充分避免措辞的语义游离掩盖原文精深思想的现象发生，为读者提供一部可信、可读的译本。

下面将从三个方面做简单的举例说明：（1）语义选择的宏观把握；（2）段落间的衔接与照应；（3）不同思维方式和表达方法的转换。

例1. maturity, immaturity和enlightenment这三个字是在整篇文章中出现频率最高，具有"纲举目张"意义的词，分别意为成熟、成年、壮年，未成熟、未成年、发育未全的蒙昧和启发、启蒙和照亮。那么，这三者之间又有何关系呢？根据简明牛津词典，"enlighten" means "give light to"（person）or "free（person）from false beliefs or ignorance"，而ignorance和unenlightened分别为无知或未照亮的意思。所以，开宗明义的第一句话Enlightenment is man's emergence from his self-incurred immaturity就被转换成"启蒙意指人类从自己招致的未成年蒙昧状态中摆脱出来"。根据是，未成年处在蒙昧混沌状况"immaturity"，成年"maturity"后即应明白事理，如果仍懵懂不清，则需外来的光照亮"enlightenment"才可顿悟觉醒；成年后本应该觉悟但仍然像未成年一样处于蒙昧状态则是由于自身的原因造成的。

例2. 第三段第一句话Thus it is difficult for each separate individual to work his way out of the immaturity which has become almost second nature to him和第四段的第一句话There is more chance of an entire public enlightening itself这两句是两个段落间紧密呼应，但又强调反差的衔接与过渡的手段。Each separate individual和an entire public分别被译成"每一个单独的个体"和"整个群体"，对照鲜明，此呼彼应。同时"个体"和"群体"的选择又增加了语义的普世性意义。出于普世性意义考虑的语义选择在整篇文章中还有不少。这两句话就因此被分别译为："因此，对于每一个单独的个体而言，摆脱这种未成年状态是很困难的，因为这几乎已成为其第二天性"和"对于整个群体而言实现自身启蒙的机会更多。"

例3. A. when nature has long emancipated them from alien guidance，这句话有比喻成分，如译成"自然早已把他们从外来指引下解放出来"，恐怕目的语读者会觉得费解。虽然译文中暗喻手法采用直译手段的例子有不少，如"domesticated animals"被译为"驯养的动物"，"leading strings"被译为"约束绳索"，以及 "the ball and chain"被译成"沉重的锁链"，但由于其表现手法所能联想到的社会与习俗与目的语读者的相同或相近，不会形成理解上的文化障碍。可上面那句话是具有西方人的表达和思维习惯特点的文字，因此被转换成"尽管人类早已自然进化到成年阶段"，就对目的语读者而言更加

自然晓畅了 。B. One age cannot enter into an alliance on oath to put the next age in a position where it would be impossible for it to extend and correct its knowledge, 这句话如译成“一个时代不能以盟誓的手段联盟”，可能同样会让目的语读者困惑，原因与上一个例子一样。所以被译作“一代人不能以盟誓的手段将下一代人的命运依附在自己身上，使下一代人处于知识无法扬弃的境地”就更符合目的语的表达习惯了。

不当之处，敬请同仁批评指正。

何为启蒙？我之管见

启蒙意指人类从自己招致的未成年蒙昧状态中摆脱出来。未成年蒙昧表现为没有他人的指导，就不能运用自己的知性。如果处于未成年状态不是因为缺乏知性，而是因为没有别人的指导就没有运用知性的决心和勇气，那么这种蒙昧状态就是自己招致的。因此，启蒙的口号是：大胆地运用你的知性吧！（Sapere aude! ）[1]

尽管人类早已自然进化到成年阶段（naturaliter maiorennes）[2]，然而仍有如此众多的人们乐于终身保持未成年状态，懒惰和怯懦乃其原因。由于同样的原因，别人便可轻而易举地以监护者自居了。处于未成年状态简直是太安逸了！如果有一本书能够让我具备知性，有一位精神劝导者让我保持良知，有一位医生给我安排饮食，诸如此类，我就丝毫用不着劳心费力，只要支付得起，别人会快当地替我做这些令人厌烦的事物。那些欣然地承担起监管工作的监护者们很快就会让绝大多数的人们（包括全部女性）觉得，迈向成年之路不仅艰辛，而且高度危险。他们首先让其驯养的动物沉迷于这种生活，之后为其缚上约束绳索，精心地防范这些驯服的动物，使之在不受约束的情况下不敢越雷池一步。然后再让它们看到，如果试图独立行走，就会面临的危险。而事实上这种危险并非那么大，因为跌倒过几次后它们最终肯定能学会走路。然而一个这样的例子就足以使它们心惊胆战，往往不敢再做进一步的尝试了。

---

❶ 语出罗马诗人荷拉修斯（Q. Horatius Flaccus,65—8BC），意为：要敢于认识！

❷ 自然方式成熟。

因此，对于每一个单独的个体而言，摆脱这种未成年蒙昧状态是很困难的，因为这几乎已成为其第二天性。他甚至已经喜欢上这种状态，目前真的地不能运用自己的知性了，原因是之前他从未被允许做过这样的尝试。教条和定式化的做法，与其说是天分的合理运用不如说是天分的滥用，这些机械的行为方式乃束缚人们使之永久处于未成年状态的沉重的锁链。即便真有人摆脱了这一锁链，但如果使其跳跃哪怕是最狭窄的沟壑，他仍会战战兢兢，因为他会不习惯这种自由行动。因此，只有极少数人通过磨砺自己的心智，成功地使自己从未成年的状态中挣脱出来，并继续大胆地前进。

对于整个群体而言，实现自身启蒙的机会更多。只要让这个群体处于自由状态，这的确几乎是不可避免的。其原因是，即便在那些被选派作普通大众的监护者当中，也总会有少数能够独立思考的人。一旦这些人摆脱了那未成年蒙昧的羁绊，他们就会传播合理地尊重个人价值，尊重所有人都有独立思考职责的精神。那些原先被监护者羁勒的群体如果受到监护者中的一些人适时的煽动，而煽动者又不能得到启蒙，其结果可能是，这个群体强迫监护者自己受缚于这种羁勒之中，这一点是必须予以注意的。所以说宣传偏见是非常有害的，因为偏见最终会让那些始传播者本人（或其后辈）遭到报应，自食其果。因此，一个群体只能缓慢地实现启蒙。一场革命可能会终结独裁专制暴政或唯利是图、争权逐势统治的压迫，但它却绝对不会带来一次真正的思想方式上的变革。相反，新的偏见会像那些被取代的旧的偏见一样，成为控制广大无思维能力大众的约束绳索。

实现这种启蒙，自由乃必备条件。并且，这里所谈及的自由是处理各种事务中公开运用自己的理性时所有自由中影响最小的一种。然而我却听到了来自各方面的呵斥声：不许争辩！军官说：住嘴，操练！税吏说：少啰唆，交钱！神职人员说：不要争辩，信奉吧！（世界上只有一位统治者如是说：尽情地争辩吧，想辩论什么都可以，但要服从！）[1]所有这一切都表明自由处处受到限制。但是，哪些限制会阻碍启蒙的实现，而哪些限制非但无碍于启蒙的实现反而能够推动启蒙的发展呢？我的回答是：人类对其理性的公开运用必

[1] 指普鲁士腓德烈大帝（Frederick II der Grosse,1740—1786）是当时支持启蒙的开明君主。

须永远是自由的，唯有做到这一点才能使启蒙得以实现；理性的私下运用则往往会受到严格限制，但这并不会严重阻碍启蒙的进程。而我这里所说的公开运用自己的理性指的是，一个有学识的人面对整个有认知能力的群体做公开宣讲时所表现出的理性运用；我所称之为私下运用理性指的是，一个人在其任职的公共岗位或被授权掌管的职位上可以运用的理性。

那么，处理影响全体国民利益的事务，我们要建立某一种机制以限制这个国家中的某些成员，使其必须在绝对被动的状态下行事。这样，他们就可以在人为地达成一致承诺的条件下，受雇于政府，为实现公共的目标而工作（至少使其不破坏这些目标的实现）。在这些情况下争辩当然是不能允许的，服从是必须的。但是，就这样或那样的个人而言，他既作为这个国家机器的一个组成部分，同时又视自己为全体国民乃至国际社会的一个成员，那么，作为一名有学识的人，在不损害其当时以被动资格所受雇的机构的利益的情况下，完全可以通过自己的作品，用最真诚的语言向大众阐明并坚持自己的观点。鉴于此，假如一位军官接到上司命令时，在执勤期间对该命令的正当性和适用性公开提出质疑，这会是极其有害的，他只能服从命令。但这并不意味着可以理所当然地禁止他以一位有识之士的身份对军事上的错误表达自己的观点，也不能阻止其把自己的观点诉诸公论。公民不能拒绝缴纳对其课征的税费，对其被要求缴纳的赋税提出肆无忌惮的批评可能被视为过激行为从而受到惩罚，因为这可能会引起群体反抗。然而，作为一个学识渊博的个人，对这种财政措施的合理性和公平性公开阐明自己的不同观点，提出这一类的批评，他并未违反其公民义务。同样，一位神职人员必须按照其服务的教堂的教义教导他的弟子和会众，因为这是他当初被雇佣的条件。但是，作为一位学者，对教义中的错误之处，他不仅有义务，而且也有绝对自由，把其所有经深思熟虑的、善意的观点告知公众，并主动对改善宗教和教会事务提出建议。并且他完全可以心安理得地这样做。因为，作为教会的一名忠实仆人，在履行自己职责时所讲授的内容，不能根据自己的见解随意发挥，他没有这样的权力，而只能作为一名受雇者，通过某种规定的方式，以他人的名义向教众传道授意。他可以这样说：我们的教会传授这样或那样的道理，这些内容是教会坚持的观点。然后，对一些他自己都不完全信奉，但又有义务进行宣讲的宗教戒条，他可以竭力为教众取精用弘，萃取出有价值的内容，因为这些戒条中也并非全然没有真理存在。但无论如何，在这些教义中都不会有与宗教本质相违背的内容，因为一旦这位神职人员认为他可以在宗教教义中找到任何与宗教本质相悖的东西，那么他就不可能再心安理得地履行教职，就不得不辞去职务。所以说那些受雇为师的人在教会会众面前所运用的理性纯属私下运用，因为不论其会众的规模有多大，也只能称之为内部聚会。鉴于此，作为一名教士，他不是，也不可能是自由的，因为他是在执行别人赋予他的任务。反之，如果这位神职人员是在以一位学者的身份通过自己的作品向现实中的大众（即整个世界）表达自己的观点，他是在公开地运用自己的理性，那么就享有无限的自由，可完全根据自己的见解阐述观点，因为让大众精神上的监护者自己长久处于未成年蒙昧状态是件荒谬绝顶的事，这种做法就等同于让各种荒谬绝顶之事永远地持续下去。

然而，难道一个神职人员团体，譬如基督教会议或德高望重的长老会会议（如荷兰人所称谓的）就不应该被授予权力使其以誓约的方式为某一不可变更的教义奋斗，以确保永远对其每一个成员提供恒久不变的监护，并通过其成员实现对所有民众的监护吗？我的回答是，这绝对不行。所有这类旨在永久地阻止人类启蒙之进步的契约都是绝对无效的，纵然这类契约获得最高权力机构，获帝国议会或者最神圣的和平条约的批准。一代人不能以盟誓的手段将下一代人的命运依附在自己身上，使下一代人处于知识无法扬弃的境地，特别是在诸如此类的重要事物上，尤其是在有关启蒙方面的任何进步这个问题上。这种行为乃违背人性的犯罪，因为人类基本命运恰恰取决于这些进步过程。因此，子孙后代完全有权把这类协议视作非法甚至是犯罪行为加以摈弃。验证某些特殊措施能否得到国民的赞同而成为法律，我们只需问问他们能否将其合理地实施即可。这种情况可能会出现在特定的短暂时期内，为推行某项法令而采取的一种权宜手段，直至更好的解决方案似乎已可呼之欲出为止。这也表明每个公民，尤其是神职人员，可以以一名学者的身份，在其作品中自由地对现行体制的不足之处公开发表评论。与此同时，这项新实施的法令还应继续执行下去，直至公众对这类事务本质的认识得到充分的提高，并证明已达到了绝大多数人（如果不是全体一致通过）都能赞同，并可以向君王呈交方案时方可终止。这样做的目的是，既可保护那些例如经深思熟虑做出决定，同意按照自己的意愿改变其宗教建制的教会会众，然而又不会阻碍那些坚持一仍旧贯之人的努力。但是，使某一宗教制度永久化，且不容任何人公开质疑是绝对不能允许的，即便是在短短的几十年内也不行，因为这样做就等于实际上宣告了在这段时间里人类不会有任何进步，从而使这一时期毫无建树，这样做甚至会贻害子孙后代。一个人可以在某一有限的时间内,出于自身的原因,在其应知晓的事务方面推迟自我启蒙的时间。但是,完全放弃启蒙就等同于严重侵害和践踏人类的神圣权利，于己无益，于子孙后代更是后患无穷。然而民众自己不愿实施的东西君王更不能强制其实施，因为君王立法权威之根基恰恰取决于，他能否把民众的集体的意愿与其自己的意志统一起来。君王只要能够保证所有真实的和想象的改进与国民秩序并行不悖，他大可允许其臣民做他们认为对拯救灵魂所必要的任何事情，因为这与他毫不相干。但是，如有人要强行阻碍他人为拯救灵魂而尽力阐述自己的观点，做推进工作，那么君王就要出面阻止，这乃是他的职责所在。如果君王通过政府监督的手段来限制其臣民在作品里阐明他们的宗教观点，以干涉这类事务，那的确会使其威严受到伤害。如按其高高在上的主张行事，来干涉此类事物，其威严亦会受到伤害，并且会为自己招致这样的指责：凯撒并不比语法学家高明（Caesar non est supra Grammaticos）[1]。如果君王置自己的无尚权威于不顾，自降身份，竟然支持国内一小撮暴虐统治者对其他臣民进行精神专制统治，那就更为不堪了。

如果现在有人问我们目前是否生活在一个完成启蒙的时代,其答案是:不是。但我们确实是生活在一个正在启蒙的时代。就目前情况而言，人类作为一个整体靠自身的条件（或者即便外界使之具备这种条件），要达到无他人指导，在处理宗教事务方面能够自信并妥善地运用自己知性的程度，我们仍有漫长的路要走。然而种种迹象充分地表明：人们朝这一目标自由奋斗的道路正在被清理；阻挡全人类实现普遍启蒙，摆脱自己招致的未成年蒙昧状态的障碍在逐渐减少。因此可以说，我们所处的时代是启蒙的时代，我们所处的世纪是腓德烈的世纪。

---

[1] 出处不详，但借用在此处的意思还是比较清楚的。

一位君主如果能够在宗教事务方面非但不对其人民做任何限制，而且准许他们享有绝对的自由，并言明这乃其责任所在，觉得这样做不会使其尊严受损，他甚至不肯接受“宽容”这类自以为是的赞誉，那么这位君主自己就是一位已经启蒙了的君主。第一个将人类从未成年蒙昧状态解放出来（就政府角度而言），并允许所有人在涉及良知的所有问题上自由运用自己理性的人，他是值得受到心存感激的当代人及其后人赞颂的。在他的统治下，教会的显要人物尽管肩负教职，仍可以学者身份根据自己的理解自由地将其观点和意见公之于众，让世人评判，即便这些观点和意见时而会偏离获得普遍赞同的教义精神。对于不受任何职务约束的其他任何人更是如此，他们可以自由公开地阐明观点，发表意见。这种自由的精神也正在国外传播，甚至传播到那些为自由而不得不奋力清除各种外在障碍的国家，这些障碍是由于其政府误解自身职能而强行设置的。这样的政府现在可以见识一个光辉典范，领略一下自由是完全可以在不破坏民众和谐与国家统一的情况下存在的现实。只要不是刻意采取人为的手段使人们处于这种未开化的蒙昧状态，人们就会自觉自愿地逐渐摆脱未成年的状态。

我之所以把宗教事务阐述成启蒙，即人类从自己招致的未成年蒙昧状态摆脱出来的焦点，首先是因为，就艺术和科学而言，统治者对担任其臣民的监护者这一角色毫无兴趣；其次是因为，宗教方面的未成年蒙昧乃是所有蒙昧中破坏力最强、最臭名昭著者。然而，赞成艺术和科学方面自由的国家首脑的思想态度甚至会进一步延伸，因为他清楚，即使允许其臣民公开运用自己的理性，允许他们把如何更好地制定法律的思想观点公之于众，即便这样做甚至会引起臣民对现行法律的直接批判，但对其法律体系并不会构成任何危险。我们现在就有这样一个活生生的光辉榜样，即我们深怀敬意的君王，在这一点上还没有任何一位君王能够超越他。[1]

但是，只有自身已得到启蒙，且不惧鬼神，然而手中又拥有一支人员众多、训练有素的军队以保证公共安全的统治者才可以说出任何一个共和政体都绝不敢说的话：尽情地争辩吧，想辩论什么都可以，但要服从！这为我们揭示了人类事务中一种奇怪而又出人意料的模式（正如我们会经常见到的那

[1] 此处亦指腓德烈大帝二世。

样，如果从最广义的角度考虑这些事物，几乎所有事情都是自相矛盾的）。高度的公民自由似乎有利于人民的思想自由，然而高度的公民自由也为人民的思想自由设置了不可逾越的障碍。相反，较低程度公民自由却会给思想自由提供足够的空间，使其能够最充分地扩展延伸。所以，一旦这株得到大自然极精心呵护的萌芽，即人类自由思想的意愿与使命，在这个坚硬的外壳中发育成熟，它会逐渐地反作用于人们的精神状态，人们自由行事的能力因此也会逐渐变得越来越强。最终它甚至会影响政府的决策原则，因为政府会发现，以恰当的方式善待人民，让他们有尊严，而不是把他们当成机器，对政府本身也是大有益处的。

附：原文[1]

From Modernism to Postmodernism
An Anthology by Lawrence E. Cahoone
Konigsberg in Prussia, 30th September, 1784

Enlightenment is man's emergence from his self-incurred immaturity. Immaturity is the inability to use one's own understanding without the guidance of another. This immaturity is self-incurred if its cause is not lack of understanding, but lack of resolution and courage to use it without the guidance of another. The motto of enlightenment is therefore: Sapere aude! Have courage to use your own understanding!

Laziness and cowardice are the reasons why such a large proportion of men, even when nature has long emancipated them from alien guidance (naturaliter maiorennes), nevertheless gladly remain immature for life. For the same reasons, it is all too easy for others to set themselves up as their guardians. It is so convenient to be immature! If I have a book to have understanding in place of me, a spiritual adviser to have a conscience for me, a doctor to judge my diet for me, and so on, I need not make any efforts at all. I need not think, so long as I can pay; others will soon enough take the tiresome job over for me. The guardians who have kindly taken upon themselves the work of supervision will soon see to it that by far the largest part of mankind (including the entire fair sex) should consider

---

[1] 译自尼斯贝特（H. B. Nisbet）的英译本“An Answer to the Question: What is Enlightenment? ”

the step forward to maturity not only as difficult but also as highly dangerous. Having first infatuated their domesticated animals, and carefully prevented the docile creatures from daring to take a single step without the leading-strings to which they are tied, they next show them the danger which threatens them if they try to walk unaided. Now this danger is not in fact so very great, for they would certainly learn to walk eventually after a few falls. But an example of this kind is intimidating, and usually frightens them off from further attempts.

Thus it is difficult for each separate individual to work his way out of the immaturity which has become almost second nature to him. He has even grown fond of it and is really incapable for the time being of using his own understanding, because he was never allowed to make the attempt. Dogmas and formulas, those mechanical instruments for rational use (or rather misuse) of his natural endowments, are the ball and chain of his permanent immaturity. And if anyone did throw them off, he would still be uncertain about jumping over even the narrowest of trenches, for he would be unaccustomed to free movement of this kind. Thus only a few, by cultivating their own minds, have succeeded in freeing themselves from immaturity and in continuing boldly on their way.

There is more chance of an entire public enlightening itself. This is indeed almost inevitable, if only the public concerned is left in freedom. For there will always be a few who think for themselves, even among those appointed as guardians of the common mass. Such guardians, once they have themselves thrown off the yoke of immaturity, will disseminate the spirit of rational respect for personal value and for the duty of all men to think for themselves. The remarkable thing about this is that if the public, which was previously put under this yoke by the guardians, is suitably stirred up by some of the latter who are incapable of enlightenment, it may subsequently compel the guardians themselves to remain under the yoke. For it is very harmful to propagate prejudices, because they finally avenge themselves on the very people who first encouraged them (or whose predecessors did so) . Thus a public can only achieve enlightenment slowly. A revolution may well put an end to autocratic despotism and to rapacious or power-seeking oppression, but it will never produce a true reform in ways of thinking. Instead, new prejudices, like the ones they replaced, will serve as a leash to control the great unthinking mass.

For enlightenment of this kind, all that is needed is freedom. And the freedom in question is the most innocuous form of all-freedom to make public use of one's reason in all matters. But I hear on all sides the cry: Don't argue! The officer says: Don't argue, get on parade! The tax-official: Don't argue, pay! The clergyman: Don't argue, believe! (Only one ruler in the world says: Argue as much as you like and about whatever you like, but obey!) All this means restrictions on freedom everywhere. But which sort of restriction prevents enlightenment, and which, instead of hindering it, can actually promote it? I reply: The public use of man's reason must always be free, and it alone can bring about enlightenment among men; the private use of reason may quite often be very narrowly restricted, however, without undue hindrance to the progress of enlightenment. But by the public use of one's own reason I mean that use which anyone may make of it as a man of learning addressing the entire reading public. What I term the private use of reason is that which a person may make of it in a particular civil post or office with which he is entrusted.

Now in some affairs which affect the interests of the commonwealth, we require a certain mechanism whereby some members of the commonwealth must behave purely passively, so that they may, by an artificial common agreement, be employed by the government for public ends (or at least deterred from vitiating them) . It is, of course, impermissible to argue in such cases; obedience is imperative. But in so far as this or that individual who acts as part of the machine also considers himself as a member of a complete commonwealth or even of cosmopolitan society, and thence as a man of learning who may through his writings address a public in the truest sense of the word, he may'indeed argue without harming the affairs in which he is employed for some of the time in a passive capacity. Thus it would be very harmful if an officer receiving an order from his superiors were to quibble openly, while on duty, about the appropriateness or usefulness of the order in question. He must simply obey. But he cannot reasonably be banned from making observations as a man of learning on the errors in the military service, and from submitting these to his public for judgement. The citizen cannot refuse to pay the taxes imposed upon him; presumptuous criticisms of such taxes, where someone is called upon to pay them, may be punished as an outrage which could lead to general insubordination. Nonetheless, the same citizen does not contravene his civil obligations if, as a learned individual, he publicly voices his thoughts on the impropriety or even injustice of such fiscal measures. In the same way, a clergyman is bound to instruct his pupils and his congregation in accordance with the doctrines of the church he serves, for he was employed by it on that condition. But as a scholar, he is completely free as well as obliged to impart to the public all his carefully considered, well-intentioned thoughts on the mistaken aspects of those doctrines, and to offer suggestions for a better arrangement of religious and ecclesiastical affairs. And there is nothing in this which need trouble the conscience. For what he teaches in pursuit of his duties as an active servant of the church is presented by him as something which he is not empowered to teach at his own discretion, but which he is employed to expound in a prescribed manner and in someone else's name. He will say: Our church teaches this or that, and these are the arguments it uses. He then extracts as much practical value as possible for his congregation from precepts to which he would not himself subscribe with full conviction, but which he can nevertheless undertake to expound, since it is not in fact wholly impossible that they may contain truth. At all events, nothing opposed to the essence of religion is present in such doctrines. For if the clergyman thought he could find anything of this sort in them, he would not be able to carry out his official duties in good conscience, and would have to resign. Thus the use which someone employed as a teacher makes of his reason in the presence of his congregation is purely private, since a congregation, however large it is, is never any more than a domestic gathering. In view of this, he is not and cannot be free as a priest, since he is acting on a commission imposed from outside. Conversely, as a scholar addressing the real public (i. e. the world at large) through his writings, the clergyman making public use of his reason enjoys unlimited freedom to use his own reason and to speak in his own person. For to maintain that the guardians of the people in spiritual matters should themselves be immature, is an absurdity which amounts to making absurdities permanent.

But should not a society of clergymen, for example an ecclesiastical synod or a venerable presbytery (as the Dutch call it), be entitled to commit itself by oath to a certain unalterable set of doctrines, in order to secure for all time a constant guardianship over each of its members, and through them over the people? I reply that this is quite impossible. A contract of this kind, concluded with a view to preventing all further enlightenment of mankind for ever, is absolutely null and void, even if it is ratified by the supreme power, by Imperial Diets and the most solemn peace treaties. One age cannot enter into an alliance on oath to put the next age in a position where it would be impossible for it to extend and correct its knowledge, particularly on such important matters, or to make any progress whatsoever in enlightenment. This would be a crime against human nature, whose original destiny lies precisely in such progress. Later generations are thus perfectly entitled to dismiss these agreements as unauthorised and criminal. To test whether any particular measure can be agreed upon as a law for a people, we need only ask whether a people could well impose such a law upon itself. This might well be possible for a specified short period as a means of introducing a certain order, pending, as it were, a better solution. This would also mean that each citizen, particularly the clergyman, would be given a free hand as a scholar to comment publicly, i. e. in his writings, on the inadequacies of current institutions. Meanwhile, the newly established order would continue to exist, until public insight into the nature of such matters had progressed and proved itself to the point where, by general consent (if not unanimously), a proposal could be submitted to the crown. This would seek to protect the congregations who had, for instance, agreed to alter their religious establishment in accordance with their own notions of what higher insight is, but it would not try to obstruct those who wanted to let things remain as before. But it is absolutely impermissible to agree, even for a single lifetime, to a permanent religious constitution which no-one might publicly question. For this would virtually nullify a phase in man's upward progress, thus making it fruitless and even detrimental to subsequent generations. A man may for his own person, and even then only for a limited period, postpone enlightening himself in matters he ought to know about. But to renounce such enlightenment completely, whether for his own person or even more so for later generations, means violating and trampling underfoot the sacred rights of mankind. But something which a people may not even impose upon itself can still less be imposed upon it by a monarch; for his legislative authority depends precisely upon his uniting the collective will of the people in his own. So long as he sees to it that all true or imagined improvements are compatible with the civil order, he can otherwise leave his subjects to do whatever they find necessary for their salvation, which is none of his business. But it is his business to stop anyone forcibly hindering others from working as best they can to define and promote their salvation. It indeed detracts from his majesty if he interferes in these affairs by subjecting the writings in which his subjects attempt to clarify their religious ideas to governmental supervision. This applies if he does so acting upon his own exalted opinions. in which case he exposes himself to the reproach: Caesar non est supra Grammaticos2-but much more so if he demeans his high authority so far as to support the spiritual despotism of a few tyrants within his state against the rest of his subjects.

If it is now asked whether we at present live in an enlightened age, the answer is: No, but we do live in an age of enlightenment. As things are at present, we still have a long way to go before men as a whole can be in a position (or can ever be put into a position) of using their own understanding confidently and well in religious matters, without outside guidance. But we do have distinct indications that the way is now being cleared for them to work freely in this direction, and that the obstacles to universal enlightenment, to man's emergence from his self-incurred immaturity, are gradually becoming fewer. In this respect our age is the age of enlightenment, the century of Frederick.

A prince who does not regard it as beneath him to say that he considers it his duty, in religious matters, not to prescribe anything to his people, but to allow them complete freedom, a prince who thus even declines to accept the presumptuous title of tolerant, is himself enlightened. He deserves to be praised by a grateful present and posterity as the man who first liberated mankind from immaturity (as far as government is concerned), and who left all men free to use their own reason in all matters of conscience. Under his rule, ecclesiastical dignitaries, notwithstanding their official duties, may in their capacity as scholars freely and publicly submit to the judgement of the world their verdicts and opinions, even if these deviate here and there from orthodox doctrine. This applies even more to all others who are not restricted by any official duties. This spirit of freedom is also spreading abroad, even where it has to struggle with outward obstacles imposed by governments which misunderstand their own function. For such governments an now witness a shining example of how freedom may exist without in the least jeopardising public concord and the unity of the commonwealth. Men will of their own accord gradually work their way out of barbarism so long as artificial measures are not deliberately adopted to keep them in it.

I have portrayed matters of religion as the focal point of enlightenment, i. e. of man's emergence from his self-incurred immaturity. This is firstly because our rulers have no interest in assuming the role of guardians over their subjects so far as the arts and sciences are concerned, and secondly, because religious immaturity is the most pernicious and dishonourable variety of all. But the attitude of mind of a head of state who favours freedom in the arts and sciences extends even further, for he realises that there is no danger even to his legislation if he allows his subjects to make public use of their own reason and to put before the public their thoughts on better ways of drawing up laws, even if this entails forthright criticism of the current legislation. We have before us a brilliant example of this kind, in which no monarch has yet surpassed the one to whom we now pay tribute.

But only a ruler who is himself enlightened and has no fear of phantoms, yet who likewise has at hand a well-disciplined and numerous army to guarantee public security, may say what no republic would dare to say: Argue as much as you like and about whatever you like, but obey! This reveals to us a strange and unexpected pattern in human affairs (such as we shall always find if we consider them in the widest sense, in which nearly everything is paradoxical）. A high degree of civil freedom seems advantageous to a people's intellectual freedom, yet it also sets up insuperable barriers to it. Conversely, a lesser degree of civil freedom gives intellectual freedom enough room to expand to its fullest extent. Thus once the germ on which nature has lavished most care-man's inclination and vocation to think freely--has developed within this hard shell, it gradually reacts upon the mentality of the people, who thus gradually become increasingly able to act freely Eventually, it even influences the principles of governments, which find that they can themselves profit by treating man, who is more than a machine, in a manner appropriate to his dignity.

文学翻译

论汉诗英译中英语语言优势的发挥

天津师范大学外国语学院　张智中

【摘　要】在翻译之时，存在三种情况：一是译语处于劣势，表达方式不如原语；二是两种语言处于均势，表达方式不相上下；三是译语处于优势，表达方式胜过原语。只有转变劣势、争取均势，并充分发挥译语的优势，才能把文学翻译提高到翻译文学的高度。就汉诗英译而言，主要在于译文的审美功能，而不是其信息功能。那么，如何发挥译语的优势，便成为其中的关键。具体包括如下十项：连词连用、-er 后缀、反身代词、无灵主语、创词造语、直而译之、借鉴活用、同词异译、以繁驭简、貌离神合。

【关键词】汉诗英译　语言优势发挥

一、引言

在译出语和译入语之间，存在着三种情况：优势、均势、劣势。翻译离不开词汇，词汇是语言文化的基因，两种语言的词汇，有时相等，有时不相等，再加上两种文化的差异，用译语来表达原文内容时，经常存在三种情况：一是译语处于劣势，表达方式不如原语；二是两种语言处于均势，表达方式不相上下；三是由于历史或文化的原因，译语处于优势，表达方式胜过原语。因为两种文化不同，对同一个内容可以有不同的表达方式，而文化历史悠久的表达方式往往胜过历史较短的表达方式。基于这种认识，译者在翻译的过程中，就应该改变译语的劣势地位，争取均势，最好能够发挥译语的优势。这就是许渊冲先生提出的三势论或发挥译语语言优势论（张智中，2006：68）。

二、译语优势的具体发挥

“原文是诗，译文应该用诗一般的语言来翻译，以语言形似来体现出语言的意似。用诗歌语言翻译诗歌，才能再现原诗的艺术意境，才会使人产生美感，引发艺术、意境上美好的联想效应之享受。”（易明华，2000：255）那么，在汉诗英译的过程中，如何用诗一般的语言来翻译？或曰如何发挥英语语言的优势呢？根据笔者观察，大概有如下十项：连词连用、-er后缀、反身代词、无灵主语、创词造语、直而译之、借鉴活用、同词异译、以繁驭简、貌离神合。

（一）连词连用

英语两个以上的连词and连用，构成英语语言的特色之一。首先，连词连用在英语的散文当中，有着普遍的运用。例如：

It is his privilege to help man endure by lifting his heart, by reminding him of the courage *and* honour *and* hope *and* pride *and* compassion *and* pity *and* sacrifice which have been the glory of his past. （William Faulkner: *The Agony and the Sweat*）

英文中连词and的连用，竟然多达六个，读来令人感觉酣畅淋漓。再看一汉英散文译例：

而观其或亭或台，或墙或石，或竹或树，半隐半露间，使游人不觉其触目；此非胸有丘壑者断难下手。（沈复《浮生六记》）

But the whole thing was so contrived, with a pavilion hereanda terrace there, and glimpses of walls *and* rocks *and* trees *and* bamboo groves so cleverly designed that there was not the slightest bit of obtrusiveness to the tourist's eye. Only a master architect of the mind could have conceived and executed this. （林语堂译）

散文常有英语连词连用，用之于诗歌，亦感别有一番滋味。如乐府诗《琅琊王歌》及其英译：

东山看西水，水流盘石间。

公死姥更嫁，孤儿甚可怜。

Song of the King of Langya

Across the hill *and* dale *and* mountain glen,
The river waters flow o'er rock and stone.

When husband dies and wife weds again,
The orphaned child is left entirely alone.
—Tr. 汪榕培

再如王维《竹里馆》及其英译：

独坐幽篁里，弹琴复长啸。

深林人不知，明月来相照。

Amid the Bamboos

Alone I sit in the bamboo forest quiet
And play a zither *and* whistle loud *and* long.
Remote from the rest of men. Who knows my riot
Except the Moon who lights me all along!
—Tr. 王宝童

以上英译诗，分别采用两个或三个连词and连用，译诗终至英诗的散文美和缠绵美。

（二）-er 后缀

"英语中有一类名词，由动词+–er, or后缀构成，表示动作者和行为者，经常可以使汉语的动态叙述转换成为英语的静态叙述。这些名词有：hunter, singer, skier, visitor, smoker, player, lover, drinker, talker, liar, puller, commander, teacher, ruler, sleeper, eater, learner, hater, fancier, complicator, watcher, loner, inspector等。在翻译汉语的动态句时，可以在这些名词前加一个定语修饰词如good, great, bad等就更为生动活泼。"（周志培，2003：418）英语–er后缀类词，若用在汉诗英译中，常可以收到很好的表情达意的效果。例如刘长卿《逢雪宿芙蓉山主人》及其英译：

日暮苍山远，天寒白屋贫。

柴门闻犬吠，风雪夜归人。

英译一：

Staying in a House in Mount Lotus for the Night in Time of Snow

Distant hills look bleak in the sun declining,
A poor man's house standing in the cold weather.
A dog at the wooden gate is heard barking,
Through night wind and snow returns the house-*owner*.
—Tr. 邢全臣

英译二：

Seeking Shelter in Lotus Hill on a Snowy Night

At dusk the distant mountains loom
And cold reaches grim into the cottage
At the gate a lone dog barks
Out of the winds and snows, the cottager returns
—Tr. William Howard Day; 张智中

“夜归人”之“人”，英译一为the house-owner（房屋的主人），英译二为cottager（村民），并与其前的cottage形成同源词语。“房屋的主人”也好，“村民”也好，借助于-er后缀，译文把“夜归人”与读者的视线距离拉远开来，便于读者远观之、审视之，然后再做分析和思考。若用第一人称 I，就不会产生这种美学效果。

有时，英译中一个-er后缀类词的使用，可使整首译诗为之一亮。如宋人苏轼《江城子·乙卯正月二十日夜记梦》及其英译：

十年生死两茫茫。不思量，自难忘。千里孤坟，无处话凄凉。纵使相逢应不识，尘满面，鬓如霜。

夜来幽梦忽还乡。小轩窗，正梳妆。相顾无言，惟有泪千行。料得年年肠断处：明月夜，短松冈。

JIANG CHENG ZI

A recorded dream, which took place
on the night of the20th
of the first month, the year of Yi Mao

Ten blurry years for both the living and the dead,
Never tried to remember,
Still hard to forget.
A solitary grave thousands of li away,
No place to unpack my forlorn misery.
Even if meeting again, no recognition likely,
Face full of dust,
And sideburns like frost.
With nightfall, a gloomy dream of returning home,
Small boudoir window,
Dressing up,
Each staring at the other wordless,

Only silent tears in a thousand streams.
Reminder, year after year, of the heart-breaking place:
A moonlit night,
On a short-pine crest.
—Tr. 任治稷（Charles Jen）

英译倒数第三行中的Reminder，结合下面两行，其意即为：A moonlit night on a short-pine crest is the reminder of the heart-breaking place. 或：A moonlit night on a short-pine crest reminds me of the heart-breaking place. 倒装之后，中间又插入了短语year after year，更使得译诗一时不易读懂，而一旦顿悟，诗味又何其浓郁！

再看杜牧《江楼》及其英译：

独酌芳春酒，登楼已半醺。

谁惊一行雁，冲断过江云。

A Riverside Tower

Alone of spring wine adrinker
Mounts the tower, tipsy. Who startles
A line of wild geese which break clouds
Floating at ease o'er the river?
—Tr. 张智中

动词"酌"字，被英译为drinker（饮者）：译文由动态变成了静态，正符合英语措词行文之习惯。

（三）反身代词

反身代词的妙用，常常被人们所忽略。其实，有时反身代词itself的使用，可使译文便耐品耐味。例如：

肉价太贵，他吃不起。

英译一：As the price of pork is too high, he can not afford it.

英译二：Pork has priced itself out of his dish.

他通过咒骂来出气。

英译一：He vented his anger in curses.

英译二：His anger vented itself in curses.

比较以上两个译例，可知译文一固然正确无误，译文二却更有余味。在汉诗英译中，反身代词的运用，自然可以增进译文的情趣。比较宋人张耒《夜坐》的两种英译：

庭户无人秋月明，夜霜欲落气先清。

梧桐真不甘衰谢，数叶迎风尚有声。

英译一：

Sitting Up at Night

No one is in the courtyard, the autumn moon is bright.
The air is chill before the frost in the night.
The phoenix tree, unwilling to accept its fate,
Rustles its few leaves against the harsh wind.
—Tr. 文殊、王晋熙、邓炎昌

英译二：

Night Sitting

Autumnal moon sheds luminous light on deserted
Courtyard; the air is quite chill before hoarfrost arises.
The parasol tree does not reconcile *itself* to
Leaf-falling; a few leaves are still dancing in the breeze.
—Tr. 张智中

比较可知，通过反身代词的使用，英译二更得原文深层之韵味。再看一首新诗英译：

春

［泰国］梦凌

凌晨

那一颗晶莹露珠

不甘寂寞

欢愉跌下河里

泳出

潺潺的青春

荡漾的

微笑

Spring

In the early morning

The crystalline dewdrop
Is tired of loneliness
And it throws itself into the river
To coax
A rippling youth
And a poppling
Smile
—Tr. 张智中

英译And it throws itself into the river（露珠把自己抛入了河里），恰描写了露珠“欢愉跌下河里”之状貌。

（四）无灵主语

“无灵”的对面，即是“有灵”。作为相反相成的一对概念，“有灵”与“无灵”的区别，全在于是否涉及到人，或者是否涉及到与人相关联的动作。涉及到者，即为“有灵”；不涉及到者，即为“无灵”。那么，无灵主语便常用抽象名词或无生命名词。抽象名词做主语，往往能使语言简洁有力、生动形象；无生命名词做主语，常常使语言带上拟人色彩，富有诗意。例如下面的古诗句：

竹怜新雨后，山爱夕阳时。
——钱起《谷口书斋寄杨补阙》

杨柳散和风，青山淡吾虑。
——韦应物《寄李儋元锡》

其中都有无灵主语之运用，因而语言清新简练。显然，无灵主语是提高语言表达力和增进修辞效果的一种手段。但是，无灵主语在英语中的运用，比之汉语更加普遍。因此，如果注意无灵主语的使用，或者无灵词语与有灵词语的巧妙配合，可以充分发挥英语语言的优势，极大地增进译诗的美学效果。例如：

晓看红湿处，花重锦官城。
——杜甫《春夜喜雨》

Dawn sees saturated reds;
The town’s heavy with blooms.
—Tr. 许渊冲

汉语“晓看”，其实意为“在破晓之时看”（若当真理解为包含无灵主语的主谓结构，亦无不可），英译Dawn sees却真的是无灵主语“晓”加有灵动词“看”了，因此大嘉。

落叶

——孔绍安

早秋惊落叶，飘零似客心。

翻飞未肯下，犹言惜故林。

Falling Leaves

Early fall is startled at leaves falling,
Which waft and tumble like my lonely heart.
In the air they are turning and keeling:
From their twigs, alas, they hate to depart.

—Tr. 张智中

在“早秋惊落叶”中，“早秋”本为时间状语，“惊”的主语，概为隐于背后的“我”。英译Early fall is startled at leaves falling中，Early fall（早秋）用作无灵主语，与有灵谓语动词startled（惊）搭配，因而颇具诗意。

春雪

——韩愈

新年都未有芳华，二月初惊见草芽。

白雪却嫌春色晚，故穿庭树作飞花。

Spring Snow

No flowers in spite of arrival of the New
Year, *the third moon is surprised to* see young grass
Budding. *Snowflakes hate the* late coming of spring:
They fall and fly, like blossoms, through courtyard trees.

—Tr. 张智中

英译中，the third moon与surprised，以及Snowflakes与hate，都是无灵主语与有灵谓语的搭配。

（五）创词造语

论及诗歌创作，尚永亮说：“字词如果运用得好，可以使诗歌生色，达到陌生化的效果，吸引人的眼球，进而引起人的思索。”（尚永亮，2008：124）这就强调了诗歌语言的创造性。作为另类创作的翻译，或者说作为另类诗歌创作的诗歌翻译，亦当作如是观。孙艺风说："翻译常常造成文字上的创新，给译入语的文学体系带来生机，而新的（陌生的）表达形式具有一定程度的启迪作用，并可供译入语的使用者借鉴、参考。"（孙艺风，2004：135）其实，英语语言本身很适于创词造语，以更加精练地表情达义。例如：

For twelve years this Nation was afflicted with hear-*nothing*, *see-nothing*, *do-nothing*, Government.（Franklin Delano Roosevelt: *The Forces of Selfishness and of Lust for Power Met Their Match*）

其中，hear-nothing, see-nothing, do-nothing三个临时创造的词语，凝练而有力。来看苏轼《江城子·乙卯正月二十日夜记梦》中的两个诗行及其英译：

夜来幽梦忽还乡，小轩窗，正梳妆。

I dreamt I suddenly went homeYesternight
And saw you making up at the table right
—Tr. 卓振英

显然，Yesternight仿自yesterday, 总觉可味可品。

江村即事

——司空曙

钓罢归来不系船，江村月落正堪眠。
纵然一夜风吹去，只在芦花浅水边。

Scene from a Riverside Village

Back from a fishing trip we didn't bother to tie up the boat.
The moon was down; 'tis the best hour for dark cocoon-*like sleep*.
Even if a fresh wind should be blowing th'rest of the night,
We'd still be in shallow waters by the flowering reeds.
—Tr. 龚景浩

第二行中的cocoon-like sleep: 措语新颖：人在船中眠，一如蚕在茧中睡。巧思妙译！

赋得自君之出矣

——张九龄

自君之出矣，不复理残机。
思君如满月，夜夜减清辉。

Since You Left Me

Since you left me, my lord,
No shuttle work is made.
A full moon is my heart,
Which wanes from night to night.
—Tr. 张智中

第二行中的shuttlework，系从英文单词needlework引申而来。虽为新造，却一目了然而清新可爱。

（六）直而译之

在诗歌翻译中，意译——甚至创译，占据主导地位。那么，直译还派得上用场吗？我们来看李白《望庐山瀑布》中两个诗句的两种英译：

飞流直下三千尺，疑是银河落九天。

Flying waters descending straight three thousand feet,
Till I think the *Milky Way has* tumbled from the ninth height of Heaven.
—Tr. Burton Watson

Its torrent dashes down three thousand feet from on high
As If the *Silver River fell* from the blue sky.
—Tr. 许渊冲

“银河”在中国古典诗歌中很是常见，Watson将其英译为the Milky Way，属于意译或归化译法；许渊冲译为the Silver River，显然属于直译或异化译法。

许渊冲先生如此英译，是经过认真研究而为之的。他曾提到Bynner的古诗英译：顾况的“水晶帘卷近秋河”，被译为They have opened the curtain wide, they are facingthe *River of Stars*. 李商隐的“长河渐落晓星沉”被译为And *the River of Heaven slants* and the morning stars are low. 许渊冲评论说：“如果把‘天河’和‘星河’都改译成the Milky Way，那读者只会看到现实主义的景色，译文却减少了浪漫主义的诗情画意。”（许渊冲，1998）显然，许渊冲先生深为赞赏Bynner的直译法，所以才将“银河”译为the Silver River. 如此英译的好处，显然可见。

再看宋人杨万里的《小池》及其英译：

泉眼无声惜细流，树阴照水爱晴柔。

小荷才露尖尖角，早有蜻蜓立上头。

A Pond

The fountain *eyesquietly* treasure the tender streams,
The tree shadows reflecting in water love the sunny softness;
The young lotus blooms just shoot their sharp buds,
On which dragonflies have already settled their tender kisses.
—Tr. 廖昌胤

将“泉眼”直译为fountain eyes，大佳！可以丰富译入语，开发译入语的语言潜力。非有深厚之语言修养者，不敢如此直译，因为直译也可带来创造之美，是译者胆识和魄力的体现。

（七）借鉴活用

翻译离不开借鉴。在汉诗英译的过程当中，倘若译者能借鉴英诗的语言表达方式，则可极大地增进译诗语言的美感，从而增进诗歌的意境美。这也是所谓发挥译文语言优势之一种。例如：

养怡之福，可得永年。
幸甚至哉，歌以咏志。
——曹操《龟虽寿》

How long the sand of life may flow,
Not to Heaven alone we owe.
Sound in body, sound in mind,
We can leave death far behind.
—Tr. 汪榕培

晨兴理荒秽，带月荷锄归。
——陶渊明《归园田居》（其三）

Early I rise to clear the weeds away;
I plod home, hoe on shoulder, with the moon ray.
—Tr. 许渊冲

曹操《龟虽寿》英译中的The sand of life，乃是地道的英文表达方式。陶渊明《归园田居》（其三）英译中的I plod home，则令人想起英国诗人Thomas Gray的名作Elegy Written in a Country Churchyard中的第三、四行：The plowman homeward plods his weary way, /And leaves the world to darkness and to me. 借鉴之下，译文顿时生辉。

借鉴的同时，有时还可对英文习语灵活运用。英语里面的习语，多为固定搭配。但是，在诗歌中，有时为了押韵，有时为了其他的缘故，也可以将英语习语灵活运用，即打破其原来的组合，从而给读者带来一种异样的清新感。例如：

羌管弄晴，菱歌泛夜，

嬉嬉钓叟莲娃。

——柳永《望海潮》

Anglers chuckle here, *and lotus*-seed pickers giggle there.
Boatmen's ballads are heard in th'eve and Qiang Pipes in fine days.
—Tr. 卓振英

英语词组here and there，这里却被分割开来，前面一个here，后面一个there，从而使译文有了动态之感。

（八）同词异译

在科技翻译中，同词需要同译，以保证译文术语的一致性。但在文学或诗歌翻译中，同词若能异译，有时可取得很好的美学效果。例如杜牧《泊秦淮》及其英译：

烟笼寒水月笼沙，夜泊秦淮近酒家。

商女不知亡国恨，隔江犹唱《后庭花》。

Mooring on River Qinhuai

Cold water veiled in mist and shores steeped *in moonlight*,
I moor on River Qinhuai near wineshops at night,
Where songgirls knowing not the grief of conquered land
Are singing songs composed by a captive ruler's hand.
—Tr. 许渊冲

"烟笼寒水月笼沙"，一行而两用"笼"字。再看英译，一用veiled，一用steeped in. 一个"笼"字，两种翻译。妙极！

李商隐《无题》中的两行及其英译：

相见时难别亦难，东风无力百花残。

It's difficult for us to meet and hard to part;
The east wind is too weak to revive flowers dead.
—Tr. 许渊冲

“相见时难别亦难”，一个“难”字，两种英译：difficult和hard. 表意酣畅而淋漓。

（九）以繁驭简

汉语简洁，英语繁琐，此乃常识。那么，在汉译英的过程中，由简向繁，正符合一般的情况。汉诗，更以简洁著称，那么，其英译自当以简洁凝练为上。但是，由于语言的不同和表意的差异，英译有时即便可以简洁，译者有时却故意采用繁琐的表达方式，如此才能委婉曲折，达汉语微妙之意。否则，英译难以尽兴，而令读者生出一丝遗憾。例如下面句子的两种英译：

他紧握她的手。

英译一：He holds her hand firmly.

英译二：He holds her hand in a firm clasp.

我太了解他了。他这个人最有忍耐力。

英译一：I know him too well. He has the most endurance.

英译二：I know him only too well. He is most outstanding where endurance is called for.

显然，英译一简洁多了，但却不如英译二更有余味。因此，在文学翻译或诗歌翻译中，有时若采用英译二，则译文的效果可能更好。

诗歌如艾青《无题》第17首及其英译：

不要相信牧师的话——

上帝在他的嘴上，

魔鬼在他的心里

Don’t believe the preacher:
He has God on his lips
And Satan in his heart.
—Tr. 庞秉钧、闵福德、高尔登

“上帝在他的嘴上”，没有翻译成：God is on his lips，而是译成He has God on his lips. 这就凸显了“他”与上帝之间的关系：he has，即表示上帝是他口头谈论的对象。如果说God is on his lips，便失去了这层含义；而且，还可以这样理解：上帝在他的嘴唇上。从而导致语义含糊或无意义。再如：

在北方

乞丐伸着永不缩回的手

乌黑的手

要求施舍一个铜子

向任何人

甚至那掏不出一个铜子的兵士

——艾青《乞丐》

In the north
Beggars extend their always outstretched hands,
Their hands black as soot,
Asking for a copper or two,
From anyone,
Even the soldiers without a copper to *their name*.
—Tr. 欧阳桢、彭文兰、玛丽莱·金

最后一行"甚至那掏不出一个铜子的兵士"，英译为Even the soldiers without a copper to their name. 即添加了短语to their name. 从而译出了原文的深层含义，是巧妙的表达。如此添词增义，或创造性地添词加语，正体现了译者对原文的深度理解和良好的译语语言修养。

（十）貌离神合

"诗歌有别于散文、小说的其中一个方面，即在于它蕴含着丰富的潜在信息。语言委婉含蕴，用笔曲折，言在此而意在彼，主旨深藏而不露——这些都构成诗歌的基本审美特征。"（张智中，2006：193）因此，汉诗英译，重在译出汉诗的潜在信息，而不是字面的表层信息。所以，思果说："翻译的讨论固然永无止境，但总结一句，也只有三个字'去字梏'，就是摆脱字的牢笼桎梏。中译英、英译中完全一样。"（思果，2001）论及诗歌翻译，王佐良说："有时，在两种语言之间无法做对应的传译时，可以做必要的变通。其实，诗的翻译未尝不是一种阐释，甚至是必要的创造。"（王佐良，1995：144）总之，言内之意易得，言外之意难求。因此，极而言之，在诗歌翻译中，有时译诗离开原诗的表面距离愈大，译诗倒可能于内在精神上与原诗更加贴近、吻合。一言以蔽之：貌离神合，最见译者功底。例如孟郊的《古别离》及其英译：

欲别牵郎衣，郎今到何处？

不恨归来迟，莫向临邛去！

I hold your robe lest you should go.
Where are you going, dear, today?
Your late return brings me less woe
Than your heart being stolen away.
—Tr. 许渊冲

后两行的英译，若回译汉语，则是："你归来之迟，给我带来的痛苦，远不如你的心被人偷走，所给我带来的痛苦。"与原诗比较，变化较大。虽然表面看来，似有不忠之虞，但英译正译出了专名"临邛"所包含的典故：巧妙而自然，貌离而神合。

荒城临古渡，落日满秋山。
——王维《归嵩山作》

An abandoned ferry, a ruined town: what a scene!
The sunset glow sets autumn hills ablaze.
—Tr. 王宝童

将"落日满秋山"译为：The sunset glow sets autumn hills ablaze（晚霞点燃秋山），似乎英译比汉语原文更具想象力和美感。正是译者有了创造性的理解，才有如此理解后的创造性翻译。

三、小结

汉诗英译，之所以被人认为不可译或者难译，即在于汉诗的审美性不可译或者难译。就汉诗英译而言，成败的关键，在于译文的审美功能，而不是信息功能。译文欲达审美之功能，则须发挥英语语言之优势。连词连用、-er后缀类词、反身代词、无灵主语、创词造语、直而译之、借鉴活用、同词异译、以繁驭简、貌离神合，乃是发挥英语语言优势的其中一些具体方法，借此可以增进译诗的语言美，并进一步增进译诗的意境美。

"人在生活中游戏，诗人在文字中游戏"。（王玉树，2006：120）而诗歌的译者们，却是在两种文字中游戏。如何将汉诗的美，用英语再现出来，是每位汉诗英译者的不懈追求。

参考文献

[1] 尚永亮：《唐诗艺术讲演录》，广西师范大学出版社 2008 年版。

[2] 思果：《翻译新究》，中国对外翻译出版公司 2001 年版。

[3] 孙艺风：《视角　阐释　文化——文学翻译与翻译理论》，清华大学出版社 2004 年版。

[4] 王玉树：《浅谈诗与写诗》，百花文艺出版社 2006 年版。

[5] 王佐良：《中楼集》，辽宁教育出版社 1995 年版。

[6] 许渊冲：《知之 · 好之 · 乐之 · 三之论——再谈发挥译文语言优势》，载《外语与外语教学》，1998 年第 6 期。

[7] 易明华：《联想效应初探》，见杨自俭：《英汉语比较与翻译》（3），上海外语教育出版社 2000 年版。

[8] 张智中：《反身代词在汉译英中的妙用》，载《英语知识》，2011 年第 11 期。

[9] 张智中：《许渊冲与翻译艺术》，湖北教育出版社 2006 年版，第 68 页。

[10] 周志培：《汉英对比与翻译中的转换》，华东理工大学出版社 2003 年版，第 418 页。

从《阿丽思漫游奇境记》看赵元任对谐音修辞的顺应翻译

浙江理工大学外国语学院　伍锋、杨渝阳

【摘　要】刘易斯·卡洛尔的《阿丽思漫游奇境记》由我国著名的语言学家赵元任先生于 1922 年译介给中国小读者，著名翻译家方平认为"赵译《阿丽思漫游奇境记》……真可说是名著名译。"在"信"的指导原则下，赵先生的翻译完美地传达了原著精髓。研究前辈的成功经验，对我们从事翻译研究和实践具有明显的昭示和启迪。本文拟从赵先生对谐音词的创意翻译入手，探究如何继承发扬这种创意翻译的途径。

【关键词】《阿丽思漫游奇境记》　谐音修辞　顺应翻译

一、《阿丽思漫游奇境记》的丰富表达特色

刘易斯·卡洛尔（查尔斯·路特维奇·道奇森，Charles Lutwidge Dodgson）创作的《阿丽丝漫游奇境记》是其专为儿童创作的儿童读物，迄今仍被认为是有史以来所创作的最成功的儿童读物，自公开发行后，引起了广泛的关注与评价，并获得了几乎无条件的好评。1865年11月12日出现于《读者》（*Reader*）杂志的一条评论认为，"从麦克米兰先生的公司诞生了一部灿烂的艺术珍宝"，文章开篇就说："一部可以放在书架上，当作阵发性忧郁的解药的书……肯定会成为这个年龄段读者的最受欢迎的作品。"11月25日，《出版界》（*Press*）杂志评价《阿丽丝》的写作"以纯朴、引人入胜的风格，而且……一方面适合非常年幼的儿童，然而比起其他受到评价的作品，却正在精心地'成长'，台尼埃尔绘制的插图非常漂亮"，评论接下来对故事进行了

概括，“它写得妙趣横生”，评价的结论是“一旦故事开了头，儿童们就会期待听完整部叙述，入迷到欲罢不能的程度。”

《出版商通讯》（*Publisher's Circular*）杂志12月8日的评论为：“今年送给我们的两百部儿童读物中，最新颖、最迷人的就是刘易斯·卡洛尔创作的《阿丽丝漫游奇境记》，配有约翰·台尼埃尔创作的42幅精美插图。很难想象那些对科学知识进步的伟大倡导者如何评论这部书，它是一段美味的荒诞故事——一个天真而充满爱心的孩子在用她的想象描绘出童话般的图景……约翰·台尼埃尔先生以他最好的图画帮助小阿丽丝，这些栩栩如生的图画将令我们长期欣赏。”12月12日，《书商》（*Bookseller*）杂志报道、“很兴奋……一部更为独特新颖的童话……我们已经很长时间无幸能够读到这种作品了。”它接着预测所有的男孩女孩们都会“迫不及待地想拥有这部书”。12月13日《卫报》（*Guardian*）报道：“这个故事……是绝对的荒诞胡话，但却是优美，富于幽默的胡话，让人一读就欲罢不能，不忍释卷。书中的插图，无论如何，却是远远胜于故事本身，它们一起为儿童提供了许多开心欢笑的笑料，这种发自内心的开怀大笑，即使年龄更长的儿童也能很容易分享。”

1865年末，其他的评论出现在《伦敦新闻画报》（*Illustrated London News*）、《时代画报》（*Illustrated Times*）、《帕尔摩尔日报》（*Pall Mall Gazette*）、《观察者》（*Spectator*）、《伦敦评论》（*London Review*）、《星报》（*Star*）、《圣诞书商》（*Christmas Bookseller*）以及《时代》（*The Times*）等报刊上。1866年《每月邮报》（*Monthly Packet*）、《约翰牛》（*John Bull*）、《文学教堂人》（*Literary Churchman*）、《桑德兰德先驱报》（*Sunderland Herald*）、《朱蒂婶婶杂志》（*Aunt Judy's Magazine*）以及《当代评论》（*Contemporary Review*）等都对这部作品进行了评论。可以看到，除了《卫报》认为作者的作品配不上插图外，其他的评论都给予了作品充分的肯定。

我国著名的语言学家，《阿丽思漫游奇境记》的第一位翻译者赵元任先生也高度评价这部作品。在赵先生的译序中，对这部不容易阅读和理解的荒诞儿童文学读物，作了十分细致的介绍，认为《阿丽思漫游奇境记》是一部给小孩子看的书。在英美两国里差不多没有小孩没有看过这书的。但是世界上的大人没有不是曾经做过小孩子的，而且就是有人一生出来就是大人，照孟夫子说，大人的心也同小孩子的一样的，所以上头那话就等于说英国人、美国人、个个大人也都看过这书的。……《阿丽思漫游奇境记》又是一部笑话书。……但是这部书里的笑话另是特别的一门，它的意思在乎没有意思。……“不通”的笑话，妙在听听好象成一句话，其实不成话说，看看好象成一件事，其实不成事体。……这派的滑稽文学是很少有的，有的大都也是摹仿这书的。所以这书可以算“不通”笑话文学的代表。……《阿丽思漫游奇境记》又是一本哲学的和论理学（即逻辑学）的参考书。论理学说到最高深的地方，本来也会发生许多“不通”的难题（悖论）出来，有的到现在也还没有解决的。……这个人虽然不是“不通”笑话家的始祖，但是可以算“不通”笑话家的大成。（赵元任，1921）

谈到翻译《阿丽思漫游奇境记》的初衷，赵先生指出：“这部书一向没有经翻译过。就我所知道的，就是庄士敦（R. F. Johnston）曾经把它口译给他的学生宣统皇帝听过一遍。这书其实并不新，出来了已经五十多年，亦并不是一本无名的僻书；大概是因为里头玩字的笑话太多，本来已经是似通的不通，再翻译了变成不通的不通了，所以没有人敢动它。我这回冒这个不通的险，不过是一种试验。我相信这书的文学的价值，比起莎士比亚最正经的书亦比得上，不过又是一派罢了。”把这部儿童荒诞文学与世界文豪莎翁的作品相提并论，足见赵先生对刘易斯的喜爱和钦佩之溢于言表。

二、赵元任的翻译指导原则

作为把刘易斯介绍给中国小读者的领航者，赵先生深知这部书翻译之不易，因为荒诞，所以人物、情节、事件和语言都似是而非，似非而是。原作者又是一位研究数学，然而文学天赋极高，学识丰富的文字大师，谙熟如何充分运用英语语音、语言的丰富表达资源，创作出大量的生动、形象的语言游戏，对于坚持“信”为翻译灵魂的赵元任先生，对这部儿童读物的翻译是一次汉语革故鼎新的尝试，因此他并没有因为自己是享誉中外的语言学家而对原著的研究掉于轻心，而是“先看一句，想想这句的大意在中国话要怎么说，才说得自然；把这个写了下来，再对对原文；再尽力照“字字准译”的标准修改，到改到再改就怕像外国话的时候算危险极度。但是有时候译得太准了就会把似通的不通变成不通的不通，或是把双关的笑活变成不相干的不笑话，或是把押韵的诗变成不押韵的不诗，或是把一句成语变成不成语，在这些例里，那就因为要达原书原来要达的目的的起见，只可以稍微牺牲点准确的标准。例如第七章里in the well和well in能译作“井里头”“尽尽里头”这种双关的翻译是很难得这么碰巧做得到的。”可见赵先生在决定翻译原则时，首先强调的是“信”，因为作为翻译，其职责不同于原创，必须忠实地传达原著的精神实质，即必须“达其志”，“翻译的最高职责是忠实，而且，仅仅是忠实。”（江枫，2009）认真地研究原著，是翻译的第一个阶段，同时也是最重要的阶段，因为对原著的误读、误解势必会导致翻译的失误，造成南辕北辙的荒唐结果。翻译还必须“通其欲”，在表达阶段能够灵活地转述原著的意义，因此赵先生反对死译、硬译，认为不能因形害意，提倡创造性顺应，所以他克服了原文中众多的语言文化障碍，以得体幽默、风趣隽永的笔调再现了刘易斯的基本风格和作品的格调，得到了中国读者的欢迎。在1990年少年儿童出版社再版的《阿丽思漫游奇境记》前言《有趣的书，有趣的作者》中，我国著名翻译家方平先生提到，1922年这部儿童读物“就由我国著名学者赵元任先生用生动活泼的口语介绍给中国的小读者了”，认为20世纪20年代初，白话文学在中国刚刚萌芽，文言文的影响依然强大，当时翻译的文学作品大多数依然是文言体或半文不白、拘谨晦涩的书面语言，而赵先生独树一帜，其清新流畅的表达让人耳目一新，“被誉为当时最成功的一个译本，真可说是名著名译”。（方平，1990）方老还认为，随着时间的流逝，新中国成立前的绝大多数文学译本的语言都显得陈旧，难以为读者接受了，而赵译《阿丽思漫游奇境记》却经受了时间的考验，显示了一个优秀译本的生命力。肖毛在点校的赵译版本前言中，也认为国内近年出现了一批新的版本，却鲜有能够与赵译比肩的作品。许多由赵先生翻译所创造的形象，如“素甲鱼”等，成为了很多后来译者承袭的模版，无论从形象还是意义上，都比后人翻译的“假甲鱼”要贴切、优美、准确。李双玲提到赵元任的译本是被许多学者所公认的最优秀译本，原因在于他对英汉语言、文化的熟练掌握，尤其是在修辞方面，许多看起来不可言传的修辞，在他手下也被译得栩栩如生。（李双玲，2012）

三、赵元任对谐音现象的创意性顺应翻译

这部作品高度凝练了刘易斯的语言天赋，在荒诞的语言中饱含着哲理、悖论、幽默，以各种双关语、典故、反讽和谐音来产生风趣的效果。但是汉语和英语是截然不同的语系和文化系统，要完全把英语的这些语言风格移植到汉语的文化土壤上，无疑是极具挑战性的，有时甚至是不可能的。例如其中三个章节的标题“A Caucus-Race and a Long Tale”，The Rabbit Sends in a Little Bill、”和“Who Stole the Tarts”就分别暗含着“环形赛跑与长尾巴”、“兔子送来账单或传票”、“谁是偷心贼”等。而“Crazy Tea Party”则影射了美国历史上的“波士顿茶会”这一反英与争取独立的美国革命前奏，而Tea Party又可以理解为“茶党”。在翻译中如果把这些暗含意义显化，无疑可以达到“信”的目的，却会冲淡作品的幽默荒诞效果，冲淡主题，所以必须忍痛舍弃，这一方面赵先生无疑非常成功，与原作者的写作意趣产生了共鸣。原作中出现的大量谐音词的翻译，在不违背“信”的前提下，赵元任先生进行了大胆的创造性顺应翻译，成果瞩目，值得我们学习、研究和借鉴。

顺应概念是杰夫·维索尔伦在《语用学新解》中提出的，我国清华大学胡庚申教授进而提出了“翻译适应选择论”的概念，认为作为人类行为的翻译活动与“求存则优”的自然法则具有关联性与通融性，并以达尔文生物进化论中的“翻译生态环境”研究译者适应与选择行为的相互关系、相互机理、基本特征和规律。（胡庚申，2006，引自李庆明）实质上译者为了使翻译作品能够在新的文化生态环境得到接受，必要的顺应性调适是必不可少的，这种顺应性翻译在《阿丽思漫游奇境记》中的谐音翻译处理手法里特别突出。

根据定义，谐音（Assonance）有三层含义：（1）相同的声音（likeness of sound）；（2）大致的相似（a rough similarity）；（3）部分押韵，其中重读的元音相同，而辅音不同，如late与make（a partial rhyme in which the stressed vowel sounds are alike, but the consonant sounds are unlike, as inlateandmake）。据此徐鹏将其称为准押韵（徐鹏，1996），指在一系列相联系的词汇中，出现了元音押韵的现象。根据徐鹏，这种谐音现象在汉语修辞格中不存在（徐鹏，1996），在英语里却非常普遍，常常用来达到含蓄或幽默的效果。为了营造幽默的情

趣，在这部精心打造的荒诞儿童文学中出现大量的谐音现象就毫不足奇了。最常见的谐音是童谣中的jingle-dingle（暂时译为铿锵调），如“west pest”（西方害虫），“steel eel”（钢鳗鱼），“moth broth”（蛾子汤），“pleasant pheasant”（令人愉快的松鸡）等等，这些虽然是儿童做戏的雕虫小技，但是，由于英汉两种语言的音系完全不同，在翻译中要做到既传达语言的原有意义，又能保留语言的原有形式，基本是无法逾越的障碍。在《阿丽思漫游奇境记》这部以儿童为主要读者的名著中，刘易斯大量运用了谐音手段，来突出小女孩的好奇心、求知欲和书中“人”物的幽默与荒唐。这样一方面使这部原著读起来妙趣横生，另一方面，却给翻译者，特别是英汉两种语言的翻译者，带来高度的翻译障碍。探讨一下赵先生的翻译策略和技巧，总结出这些翻译的独特意趣，对跨语言、跨文化研究与翻译具有极大的指导意义。

作品中出现的谐音现象，有的是体现小阿丽思的认知局限的，比如误将“antipodes”说错为“antipathies”；有的是为了体现特定“人物”的生活环境与习性的，如“reeling”与“writhing”，生动地刻画出在海洋里生活的鱼类或海龟的动作；有的则暗示在语言交际中可能会产生的口误或误解。在对应的翻译中，赵元任先生尽量做到匠心独运，既曲意反映了原作的基本含义，又设法反映了原作的语言特色，把“antipathies”译为“倒猪（足）世界”，而不是机械地翻译成“敌对世界”，把“reeling”和“writhing”分别翻译成“练浮”与“泻滞”，既符合海洋生物的活动习性，又影射了“念书”与“写字”的意义，真是令人叫绝。

另一个谐音词的成功翻译典范是小阿丽思与歙县猫（即柴郡猫）的对话。

原文：“Did you say ‘pig’ or‘fig’？” said the Cat.

“I said ‘pig’，” replied Alice，“and I wish you wouldn’t keep appearing and vanishing so suddenly: you make one quite giddy.”

译文：那猫问道，“你刚才说猪还是书？”

阿丽思答道：“我说的是猪。我真怕你这样来来去去地这么快，你弄得人好头眩。”

此处的谐音现象实质上是暗示在口头交际过程中，近似音可能会造成交际双方的误解，因此有时有必要进一步沟通来消除误解。英语的pig和fig除了起首的辅音不同外，元音是完全一致的，属于典型的铿锵调，如果只注意其意义，而不考虑特殊的语言形式，机械地翻译成“猪”和“无花果”，表面上似乎很“信”，却因为这两个词在汉语里读音迥异，不可能产生混淆和误听，反而会让中国读者感到莫名其妙。为此赵先生牺牲了意义上的“信”，而换来了语言风格上的“信”，也更能让中国读者感到信服，难怪后来的译者，如冷杉等，也只是换了一个词，将“书”换为“竹”，本质上仍然沿袭了赵先生的处理方法。由于英汉语言巨大的语音差异，谐音词格是汉语里缺乏的修辞格，赵先生的灵活变通无疑是相当成功的。如果要坚持实现意义与形式上的统一，也许将pig与fig翻译成“猪哇聒”和“无花果”，可以成为一种近似的选择，因为前者暗示不断哭叫的猪，与作品中那只受到虐待的猪不断打喷嚏、哭闹的形象还是贴切的，而且这两组词的发音很近似，产生误听、误解的效果还是可能的。

诚然，在当时的条件下，汉语正处于由文言文向白话文过渡的变革中，参考资料、语言资源与研究工具相对缺乏，中西文化交流也处在碰撞的早期阶段，能够在这样不利的条件下，把这种独特的英语语言现象处理到如此炉火纯青的水平，确实让人钦佩不已。如果说出现一些还需要进一步思考的翻译处理手段，更是情理中的事了。在下面的谐音翻译中，恐怕就有值得我们进一步深思的地方。

原文：“…But do cats eat bats, I wonder? ”And here Alice began to get rather sleepy, and went on saying to herself, in a dreamy sort of way, “Do cants eat bats? Do cants eat bats? ” and sometimes “Do bats eat cats? ” …

译文：“猫吃蝙蝠子不吃的？”阿丽思觉得有点困得慌了，就自言自语地半醒半梦地咕叨，“猫子吃蝙蝠子吗？猫子吃蝙蝠子吗？”有时候说说说乱了，变成“蝙子吃猫蝠子吗？吃子蝙猫蝠子吗？”

总体上，这段翻译试图反映原文的主旨：睡意迷离中的小女孩在重复一句其中几个词发音相近的词时，完全是可能会发生口误的，因为cats与bats也是一对元音完全一致的谐音词，别说是睡意蒙胧中，就是清醒时，稍不留神，就可能读混淆，因此这类谐音现象才频繁地出现于绕口令中。巧合的是，英语和汉语都属于分析性语言，所以语序的变动决定着语句的内容和意义。小阿丽思在英语里把词序颠倒后，句子的意义就截然不同了，虽然句子还是成立的。然而，在汉语里，“猫”和“蝙蝠”发音完全不同，即便是清醒的情况下，要将这两个词有意读混，形成语言游戏，都是一件很困难的事，在睡意蒙胧的情况下，就更不可能了。所以将“貓子吃蝙蝠子嗎？”说成“蝙子吃猫蝠子吗？吃子蝙猫蝠子吗？”虽然可以反映小女孩睡意迷离、思维与表达混乱的情状，从汉语的语言表达上，真正发生的可能性却微乎其微，也无法反映原文中这两个词发音近似的特点。不知可否变通一下，先说“‘咪咪’叫的猫吃‘叽叽’叫的蝙蝠吗”，然后再模仿小女孩发出的儿语“‘咪咪’吃‘叽叽’吗？”，就有可能在迷蒙中把这两组象声词混淆说成“‘叽叽’吃‘咪咪’吗？”既体现了原文的语言特色，又显得更为自然贴切，令人信服效果也许会更好些。

四、结论

谐音现象在以拼音文字为特色的语言里非常多见，特别是儿童文学作品中，为了符合儿童的认知心理，得到大量运用。作为儿童读物的经典，《阿丽思漫游奇境记》就充分地发掘了这一资源，使作品不仅能反映书中人物的个性和特征，而且能够触动儿童的心灵，唤起他们的阅读兴趣，如素甲鱼吹嘘自己所学过的课程时说自己学过“Ambition, Distraction, Uglification”与“Derision”，明显地是为了与“Addition, Subtraction, Multiplication”与“Division”谐音。为了体现这个特色，赵元任先生没有机械地按照原文的语义处理，而是别出心裁地利用与汉语“加、减、乘、除”发音近似，又能刻画海洋生物活动的近音词，将原语谐音词巧妙地翻译为“夹术，”“钳术，”“沈术，”和“丑术，”堪称与原文达到了异曲同工之妙，实在让后续译者难以望其项背，也是我们应该努力学习的翻译典范。赵译《阿丽思漫游奇境记》与原著相比，其高超的语言艺术和朴素表达中体现出的隽永韵味毫不逊色，是我们学习研究中英翻译的一座宝库，相信进一步的发掘一定会带来更多的回报。

参考文献

[1] 方梦之：《中国译学大词典》，上海外语教育出版社 2011 年版。

[2] 方平：《有趣的书，有趣的作者：<阿丽思漫游奇境记>（赵元任译）》，少年儿童出版社 1990 年版。

[3] 江枫：《江枫论文学翻译及汉语汉字》，华文出版社 2009 年版。

[4] 李庆明、李元：《翻译适应选择论视角下科普翻译过程研究》，载《西安外国语大学学报》，2012 年第 2 期。

[5] 李双玲：《论儿童文学作品重译的三大原则》，中国论文库，http: //www. lwkoo. com/ yingyufanyi/201202/6137. html（访问时间：2012 年 3 月 15 日）。

[6] 〔英〕刘易斯·卡洛尔：《阿丽思梦游仙境》，冷杉译，中国社会科学出版社 2010 年版。

[7] 〔英〕刘易斯·卡洛尔：《阿丽思梦游仙境》，赵元任译，少年儿童出版社 1990 年版。

[8] 〔英〕刘易斯·卡洛尔：《阿丽思梦游仙境》，赵元任译，肖毛校，商务印书馆，http: / /5352919. blog. hexum. com. tw/10039944_d. html（访问时间：2012 年 3 月 17 日）。

[9] 戎林海：《赵元任翻译研究》，东南大学出版社 2011 年版。

[10] 徐鹏：《语词格》，商务印书馆 1996 年版。

[11] Cohen, Introduction: Lewis Carroll and Alice Books, *Alice's Adventures in Wonderland&Through the Looking-Glass,* New York, Bantam Books, 1981, pp. xv-xvi.

[12] Lewis Carroll, *Alice's Adventures in Wonderland&Through the Looking-Glass,* New York, Bantam Books, 1981，pp. 3, 4, 15, 22, 49, 73, 83.

外宣英译中的表达策略

南京工业大学外国语学院英语系　张伟红

【摘　要】对外宣传翻译的质量影响着一个国家的国际形象和对外交流。本文着重探讨了外宣英译中语言表达层面的策略，以南京外宣资料翻译为例，从词、句、篇章等层次论述了外宣英译中如何在各语言层次做到贴近译文读者的表达方式、文化背景、思维习惯和对信息的需求等要素。本文认为，外宣翻译的表达应总体上遵循异化的策略。而在处理中国文化特色词汇时，则应在保证目的语读者理解的前提下，优先采用异化的策略。

【关键词】外宣翻译表达策略　中国文化特色词汇

一、引言

对外宣传资料是对外宣传我国国情、传统文化等的重要方式，也是国内外人士了解中国的重要途径。好的译文能够在中国与世界其他国家之间建立起桥梁，极大地促进目的语读者对中国的了解，而不恰当的或出现严重问题的翻译，则可能产生不可估量的负面影响。因此，许多学者都在致力于研究外宣翻译的理论和实践。在当前我国的外宣英译中，广泛存在着英语译文让读者不能理解，甚至产生误解的问题，因而达不到对外宣传的目的。针对这一现象，译界广泛讨论了“外宣三贴近原则”（黄友义，2004: 24），认为外宣翻译的表达应注意贴近外国受众。而另一方面，一些学者则认为采取“以我为准”的策略，才能将中华文化更完整地介绍给译文读者。本文认为，在外宣英译的总体表达上，应采取“以目的语为归依”，即归化的策略，以达到预期的宣传效果；而在遇到与文化相关内容时，则应优先考虑异化的策略。本文重点探讨外宣英译中总体语言表达的策略，以南京外宣资料翻译为例，从词、句、篇章等层次论述了外宣英译中如何在各语言层次做到贴近译文读者的表达方式、文化背景、思维习惯和对信息的需求等要素。

二、外宣英译策略的“二元共存”

针对目前“以目的语为归依”和“以我为准”策略之争，袁晓宁（2013: 93）将外宣翻译分别从两个层面进行论述，提出外宣翻译策略的“二元共存”，即在语言表达层面应采用“以目的语为归依”的策略，而在文化层面应采用“以我为准”的策略。

首先，外宣翻译的目的是让目的语读者明确无误地理解译文所传达的信息，起到对外宣传的效果。要达到这一目的，译者应跨越由英汉两种语言在逻辑、风格、文化等方面的差异造成的理解、表达上的困难，以目的语为归宿。其次，在文化层面，应采取“以我为准”的翻译策略，即在涉及文化承载词句翻译时，采取异化的策略，将我们的文化原汁原味地介绍给世界。而在论述文化层面时，作者只是从目的论这样的规范性理论上进行了探讨，提出“以我为准”在实践中是可行的，同时也要把握该策略的“度”，但至于如何把握这个“度”，则并无具体的方法可依。

对于中国文化特有词汇的翻译，曾泰元通过对《牛津英语辞典》中相关词汇英译的研究（2007: 213-218）以及*Webster's Third New International Dictionary*（2000）的相关研究（2009: 405），发现以上两部词典中对中国文化特色词的多采取借词、音译法，定语修饰法，或者借译、仿译法，偶见音义混成与翻译（即意译，包括释意）。由此，曾泰元认为在英译中国文化特色词汇时，应大胆使用汉语拼音把借词推介给英语。范勇（2011: 65-69）通过研究发现，《纽约时报》在表达中国文化特有概念时采取了以异化为主的翻译策略。据此，在翻译文化特色词时，应优先采用音译、直译等异化策略彰显和传播原汁原味的中国文化，同时也满足了国外受众对博大精深的中华文化的期待和向往（范勇：2011: 68）。当然，在运用异化手法时，也必须保证读者的理解，灵活使用“音译加解释”和“意译加解释”等手法。同时，对于无法以异化手段翻译的项目，还需使用“归化”方法，达到使读者理解的目的。

由于篇幅有限，本文以下仅以南京外宣翻译为例，探讨外宣英译的总体表达策略。

三、以南京外宣翻译为例谈外宣英译的总体表达策略

汉英两种语言，其背后体现着不同民族的文化背景、价值观及思维方式，人们的审美观和语言逻辑也存在不小的差异。在语言上的差异表现为：英文行文简洁明快、层次清晰、逻辑性强、结构严谨。而汉语行文逻辑松散，用词华丽雕琢，且为了渲染气氛，常用四字结构；语义重叠，往往读者要借助上下文的语境，才能透过模糊的意义表达及松散的逻辑表达，来判断整个语义及逻辑。（袁晓宁，2010: 88）在汉译英时，尤其是在对外宣传翻译中，为了更好地贴近国外受众的思维习惯和表达方式，译者应充分考虑到两者的差异。

以下就以南京外宣资料的翻译为例，从词语、句式及篇章等不同层次探讨这种差异及其翻译。

（一）在词语的翻译中贴近目的语

词语是汉译英的最小单位，词语翻译的优劣是衡量译文质量的基本要素。外宣翻译是否能将原文信息准确地传递给目的语读者，其词语的翻译起到关键作用。

1. 注意词汇指代意义表达清晰

汉语属“意合”语言，体现在词语表达上，往往指代隐性而模糊；而英语属“形合”语言，词语指代往往较清晰。此时，就应做到使译文意思表达明晰。例如，在外宣图书《魅力南京山水城林》中，标题中的“城”在第一版的译文中为“cities”。原书名译为：“*The Charm of Nanjing: Mountains, Rivers, Cities and Forests*”。因为书中分四个部分分别介绍了南京的山、水、古城遗址和绿化，而“城”这一部分就主要介绍了六朝古城遗址、隋唐城址、明朝都城遗址、清朝及民国旧城遗址。根据中文的介绍，“城”指的是有着各个时期的不同城市建筑遗址或城市建设的南京城，因此原译用了复数。然而原译

给英语读者的印象是有几个不同的城市。南京虽然经历许多朝代，但南京城只有一个。要想表达中文中的确切意思，必须修改原译。若译为“buildings in history and in modern times”，又显得过于冗长，不符合书名及标题的简洁之美，且标题中“山”、“水”和“林”都只用了一个词来翻译。因此，笔者建议译为“historic sites”。如此，该书名译为“The Charm of Nanjing: Mountains, Rivers, Forests and Historic Sites”。虽然“城”的英译为两个单词，和“山”、“水”、“林”的英译长度不对等，但比“city”更合适。根据修辞格中的转喻（metonymy）功能，虽然我们可以用“city”来替代“historic sites”，但在翻译正式庄重的语篇时，用词越明晰越好。（袁晓宁，2007: 90）

2. 要考虑到不同民族的文化、宗教背景

如：“老山……建有国家级森林公园，是南京的一方净土”。原译为“It is a national park, a Pure Land of Nanjing”。英文用“Pure Land”表达佛教术语“净土”，这个译文使英文读者产生“老山与佛教相关”的想法。笔者认为，此处“一方净土”的意思是，老山是南京的一处非常宁静幽美的地方，远离城市的喧嚣。可改译为“It is an exclusively tranquil place/land in Nanjing”。

3. 表达要符合英文习惯

如“它还是一座文明之城，哺育了世世代代淳朴、博爱、智慧的南京人民”。笔者原译为“It is a culturally-significant city that has brought up generations of honest, loving and wise people. ”。而外籍专家认为，“城市”不能“bring up”（“哺育”或“养育”）人，因此，将“has brought up”改为“has been home to”。在此句中还有一个词组，即“文明之城”的翻译也值得思量。有人将其译为“cultural city”，而袁晓宁（2007: 90）认为，任何城市，不管她是否有悠久的历史，都有自己特定的文化，在“city”前加上“cultural”显然是多余的，而若将其译为“culturally-significant city”，则能更清晰地体现这一中文名称的意义。

4. 应尊重国外受众的思维方式

一外宣图书中某一节的标题“通灵养慧的丘陵”，在第一版中的译文为“Hills of Spiritual Understanding”，使英语读者不理解，山（包括丘陵）、水、林这样的自然景观在西方人眼里并不具备人的特点，当然也不会有“spiritual understanding”了。此处，如果要将“丘陵”与“通灵养慧”联系起来，那就是指丘陵中有许多人文的、文化的印迹，故笔者将其改译为“Hills with Cultural Relics”。

5. 必要时进行词汇风格上的转换

首先，汉语外宣材料往往措辞华丽、正式，而在英译时，应将其转换为英文读者习惯的平实、朴素的语言；如“九华山……因历代地处京畿要地，历代皆注重山林营造”，后半句译为“Forestation here was emphasized as the hill was located in the capital city. ”，其中“山林营造”被译为“forestation”，而外籍专家则认为该词用在这里太过正式，普通读者不易接受，应改为“tree planting”。其次，汉语外宣文本常将几个意思上有重合的词语或短语叠加在一起，以增加其审美性，而如果将每个词或短语都对号入座地翻译出来，则会使译文显得啰唆。正确的做法是梳理原文信息，在译文中突出信息，适当地减少表情功能。

总之，在词语转换中，首先要透彻地理解原文的指代意义，并充分了解目的语的表达方式、文化背景、文体风格及目的语读者的思维方式和阅读习惯、阅读目的等，在表达中灵活采用各种方法，使外宣译文在目的语读者中真正起到对外宣传作用。

（二）在句子的翻译中贴近目的语

在句子的层面，目前外宣翻译中最常见的错误包括结构错误、句子成分错位、重复啰唆、结构松散（许明武、王明静，2006: 71-72）。概括来说，就是句子结构问题、句子内部逻辑问题以及句子风格问题，而其中句子结构问题出现频率最高。另外，笔者认为，语义的理解和表达偏差也是常见于外宣译文中。下面就句子结构问题和语义问题，结合南京外宣翻译实践进行探讨。

1. 句子结构问题

汉英的长句在结构上存在明显的差异。英语的长句是有基础搭架“主语+谓语”扩展开来的，其扩展方式可以是增加句子的修饰语，也可以是增加并列成分或并列句，或者是利用短语或从句充当句子成分。另外，英语句子中的主谓成份是全句之纲，主谓关系非常明显，其他成份往往是通过各种连接手段同主谓成份挂钩建句。而汉语是一种重意合、主题显著的语言，句子中的主谓成份较难确认，尤其在长句中是如此。此外，汉语中少用介词而多用动词。再者，汉语的连贯隐含在字里行间。（陈宏薇，1998: 245）形象的说法是，英语为树形结构，主句类似树的主干，从属结构类似树的枝杈；汉语为扇形结构，常有许多并行的句子组合在一起。

在现今许多外宣翻译中，一个常见错误是，一些译者忽略了这些不同，造成了一些表面是英文，实际句子结构是中文的病句。（许武明、王明静，2006: 71）

在对外宣传出版物的翻译中，为了贴近国外受众的表达方式，应在对汉语句子透彻理解并梳理的基础上将其转换为英语的句式。这种转换是汉译英常用的一种做法。如将“阳山海拔383米，周围10公里，为石灰岩构成”译为“Yangshan, with an altitude of 383m and a diameter of 10km, is constituted of limestone”。此处译者经过分析，认为“为石灰岩构成”是主要信息，因为阳山以其石碑著称，相比其海拔和面积，其成份是较为重要的内容，将其作为主句，其他部分作为次要信息放在从属句中。当然，类似的例子俯拾皆是。

2. 当句子作为标题时

可适当精简长度，必要时甚至可以将其转换为词或词组，使译文显得更简洁。如《魅力南京山水城林》一书的副标题为“让我们走进这座山水城林交相辉映的城市”，原译为一个完整的英语句子，经斟酌，笔者将其转换为词组“Guide to the City of Nanjing Where Mountains, Forests, Rivers, Historic Sites and a Modern City Contrast and Converge”，这样概括了书的内容，也更符合译文读者的阅读习惯。

若译文表达不明晰，则可能产生在国外受众看来很明显的内容错误。如“南京把中华民族历史的骄傲和忧伤纠缠在一起”，原译为“The city is a mixture of pride and sadness in the history of the Chinese nation”。外国读者不懂为何南京的历史就是中华民族的历史，故而将笔者原译中“the Chinese nation”改为“Nanjing”，整句话译为“The city has been a mixture of pride and sadness throughout the history of Nanjing”。

（三）在篇章的翻译中贴近目的语

如上所述，在篇章结构上，汉语在形式上较松散，而英语较严谨，显出很强的逻辑性。在汉译英时，要透彻理解汉语原文，甄别出主要、次要信息以及冗余信息，找出篇章中的逻辑联系，然后，按照英语的习惯表达出来。在表达时，删除多余信息，开宗明义，行文中用必要的衔接手段，表现出连贯的英语语篇。

1. 必要时在译文中加上概括性语句

在长篇介绍某一地点或景物时，汉语往往将所有信息用许多松散的句子表现。一种常用的英译方法是，将这一大段篇幅进行概述，或挑出其中最重要的信息，将其放于该篇章或段落的开头。例如介绍阳山的一段："阳山海拔383米，周围10公里，为石灰岩构成。明永乐年间，明成祖为其父明太祖开凿神功圣德碑，取材于阳山。碑身、碑座和碑额三方巨材已大体凿成，每块的重量都在5000吨到万吨之上，其规模居于世界首位，但终因难以搬运而弃之不用。"为使英语读者更轻松地了解概况，译者总结出主要信息，即阳山以其碑材闻名。因此，在翻译该段时，以一句"Yangshan Mountain is famous for its ancient Stele"作为开头。

2. 翻译篇章时，要敢于删除冗余的内容

在《魅力南京山水城林》一书的前言中，全篇数次提到南京是"六朝古都"、"沧桑古城"，形成了许多四字词组，达到了排比的语言美，但若翻译时将词语对号入座，则显得非常啰唆，每个信息在全篇只提一次即可。

3. 译者还应敢于将通篇的信息进行整合

整合之后将所有信息分类放于合适的位置。如以上提到的"前言"，其第二段主要谈南京的自然景观，而其中也出现了关于南京历史的内容，应将其放入后面关于历史的段落。

四、结语

英汉语言与文化的差异要求译者在汉译英中充分考虑这种差异，使译文在词语、句子及篇章等层次上符合英语的思维习惯及表达方式，贴近国外受众。只有这样，才能使外宣出版物充分发挥其沟通两种文化的桥梁作用。而同时，在文化层面，在对待原文中文化承载的信息上，则应在读者理解的前提下，大胆采用异化的策略，使中华文化更好地"走出去"。

当然，外宣材料中术语、地名等专有名词的翻译，需首先遵循国家有关法规（郭建中，2007: 71），只有在遵守法规的基础上，才能考虑使用各种表达策略。

参考文献

[1] 陈宏薇：《汉英翻译基础》，上海外语教育出版社 1998 年版。

[2] 范勇：《美国主流媒体表达中国文化特色词汇的显异策略——基于对 2009 年〈纽约时报〉涉华报道的实证研究》，载《上海翻译》，2011 年第 1 期。

[3] 郭建中：《街道路牌书写的国家标准与国际标准》，载《中国翻译》，2007 年第 5 期。

[4] 黄友义：《坚持“外宣三贴近”原则，处理好外宣翻译中的难点问题》，载《中国翻译》，2004 年第 6 期。

[5] 许武明、王明静：《中国世界自然文化遗产对外宣传解说翻译失误分析》，载《中国翻译》，2006 年第 2 期。

[6] 袁晓宁：《以目的语为依归的外宣英译特质》，载《中国翻译》，2010 年第 2 期。

[7] 袁晓宁、袁超：《谈外宣英译中的几个问题》，载《中国翻译》，2007 年第 6 期。

[8] 袁晓宁：《论外宣英译策略的二元共存》，载《中国翻译》，2013 年第 1 期。

[9] 曾泰元：《满大人，求你思！——由 Mandarin、Chinese 谈文化特色词的英译》，见胡庚申编：《翻译与跨文化交流：转向与拓展——首届海峡两岸翻译与跨文化交流研讨会论文集》，上海外语教育出版社 2007 年版。

[10] 曾泰元：《汉语文化特色词英译初探》，见胡庚申编：《翻译与跨文化交流：整合与创新——第二届海峡两岸翻译与跨文化交流研讨会论文集》，上海外语教育出版社 2009 年版。

翻译教学

对“学术型”翻译硕士研究生（MA）培养模式的再思考

——以天津外国语大学 MA
“汉英翻译”实践课程教学为个案

天津外国语大学高级翻译学院　李晶

【摘　要】本文以 MA“汉英翻译”实践课程教学为个案，探讨在蓬勃发展的“翻译硕士专业学位”（MTI）教育的冲击下重新审视传统的“学术型”翻译硕士研究生（MA）教育机制的必要性，指出在新形势下，MA 在实践教学环节应更加强调翻译理论意识的重要性；MA 教育机制中应更加突出翻译研究人才的培养特色；MA 和 MTI 两种不同性质的翻译教育培养目标和教学理念需进一步明确区分，使翻译研究和翻译实践两种翻译人才培养并举，以适应翻译学科的多元化身份以及社会对多元化翻译人才的需求。

【关键词】“学术型”翻译硕士研究生（MA）　培养模式　翻译实践教学　翻译理论意识

一、引言

随着翻译职业化进程的不断推进和翻译产业的迅猛发展，旨在培养具有熟练翻译技能和宽广知识面的能够胜任不同专业领域所需要的高层次、应用型、专业性口笔译人才的翻译硕士专业学位（MTI）教育呈现出勃勃生机。与此同时，以培养“学术型”人才为主的硕士研究生培养模式也在进行相应的调整，但在MTI模式的冲击下，还远不够理想。总的说来，翻译逐渐走向实用，对实用翻译人才需求和培养的呼声日渐高涨。这一切给传统的‘学术型’翻译硕士研究生（MA）教育带来了一定程度的冲击和影响，使得MA学生翻译理论的学习意识似有渐被淡化、被融合的趋势，其结果与MTI无异，MA人才培养因此陷入了一种尴尬境地。面对这一态势，“MA教育向何处去”已经成为亟待重新思考的一个命题。

经过几年的发展，MTI教育正逐步走向正规，已经初步形成了比较完整的教学体系。关于MTI培养模式、课程设置、教学内容与方法、师资队伍构建、教材编撰等的研究成果不断涌现，其中也不乏学者（如廖七一等）对翻译理论在MTI教学中必要性的强调。而随着“翻译专业硕士”学位点的批准设置，“翻译学硕士”学位点也获得认可。MTI在强调实践的同时强调理论，而MA在强调理论的同时强调实践，那么MTI与MA的根本区别在哪里呢？当然，也有学者试图在两者之间划出界限。如有学者指出，翻译学硕士（MA）“旨在培养具有专注的学术精神及优良的学术潜质，具有高级口笔译翻译实践能力，并具备翻译学研究基本能力的硕士研究生。学生毕业后，可以胜任高等学校翻译专业教学各种课程的教学工作，也可以胜任口笔译翻译的实际工作，还可以继续深造，攻读翻译学博士课程，是一种集翻译理论研究、翻译教学和翻译实践能力于一身的高级复合型翻译人才。”（穆雷，2008: 44）“专业型”学位翻译研究生（MTI）应具备良好的双语运用及转换能力；了解基本翻译理论；了解相关专业知识；熟练使用翻译工具；熟悉翻译流程与职业规则；具备较高的职业道德与职业素养。（穆雷、王巍巍，2011: 30）然而这种区分属于描述性的，并没有形成MTI和MA的明确界定。

总的说来，关于MA与MTI两个方向系统的对比探究还是翻译教学研究中较少关注的课题，特别是在MTI蓬勃发展的态势下对传统的MA培养模式的重新审视更是鲜见，而这正是本论文的意义所在。

翻译产业与MTI教育的快速发展态势，对传统的MA教育提出了更高的要求。两个方向的学科定位、培养目标、教学重点、课程设置等应进一步明确区分，特别是有必要对传统的MA培养模式进行重新思考和定位，进行调整、充实和完善，以适应翻译学科未来的多样化身份。

本文从天津外国语大学（以下简称“天外”）MA和MTI两个翻译方向的

培养方案、课程设计和教学模式的对比入手，以天外MA“汉英翻译”实践课程教学的过程分析为个案，揭示新形势下MA教育的误区和尴尬，探讨在MTI的冲击下重新审视MA培养模式的必要性。

二、MA与MTI

随着国务院学位委员会和教育部批准设置翻译硕士专业学位，“翻译学”的学位点也获得认可。但目前天外还没有明确设置“翻译学”硕士点，而是仍然像大多数院校一样沿袭了传统的“英语语言文学”名下的“翻译理论与实践”方向（MA），学制为两年半。天外MA硕士点设置于20世纪70年代末，经过30多年的学科建设和发展，其培养方案也日臻成熟。培养目标是“考博驿站、名师摇篮、译才跳板”。具体要求是：“了解中外翻译史、翻译理论及其发展演变史；熟悉翻译理论的基本原理、面临的问题以及发展趋势；具有语言学、哲学、文学理论以及相关学科的全面知识，有较强的英汉互译能力；能独立从事翻译理论研究、熟练进行汉英两种语言的互译；能够胜任高等院校英语专业高年级翻译课以及其他各门课程的教学工作；具备考取博士研究生的竞争能力。”在学习内容上，我们提出“译史译论译作并重，科学经验中西合璧”。具体说来，在翻译理论课上我们要求学生做到“细读原作，理清脉络，联系实际，勤于思索”；在翻译实践课上我们要求学生做到“翻译、讲评、欣赏、讨论相结合”，鼓励学生发表自己的意见。在课程设置上，经过不断完善，现有课程主要包括中国翻译理论、西方翻译理论、中国文化典籍英译、翻译研究方法、翻译批评、汉译英等专业课以及和翻译学相关的其他学科课程。

可见传统的MA方向的培养主要是为高校提供教学和科研人员，同时一个很重要的培养目标是为学生的博士阶段深造打下基础，所以理论学习和研究能力的培养至关重要。而随着时代的发展和社会需求的转变，MA的培养对象也将翻译人才纳入其中。MA的培养模式可以概括为理论与实践并重。

2009年，天外获批设置MTI硕士点，2010年开始招收第一批MTI（英语笔译）学生，学制为两年。我们设定的培养目标是“遵循实践能力+人文素养+学科理论素养的翻译人才培养模式，旨在培养具备国际化视野、适应全球经济一体化和国家及地方建设和发展需求的应用型、实践性、职业化，并且达到国家翻译专业资格认证标准的高层次翻译人才”。在专业特色上，我们提出“在侧重笔译实践能力的培养和训练的同时，强调应用型翻译理论、翻译简史和翻译研究方法的介绍，以使学生树立正确的翻译理念和翻译学科意识。注重学生双语语言、文化意识的培养和英语基本功的全面训练，同时辅以计算机辅助教学等现代教育技术手段。”MTI（英语笔译）的课程主要包括笔译理论与技巧、汉英工作坊、英汉工作坊、计算机辅助翻译、不同文体读译、翻译概论、翻译简史、翻译研究方法等。相比MA，MTI的培养模式是实践为主、理论为辅，其主要目标是培养高层次、应用型、专业性口笔译人才。

在MTI在中国出现之前，由于MA课程设置中明确规定了占有相当课时比重的翻译理论课程，“汉译英”在当时仅仅作为MA的一门实践课程，课时比重相对理论课程也较小。随着MTI的出现，特别是从2011年起学校的MA和MTI两个方向的招生规模已达到1: 1的情况之下，传统的MA方向的问题开始凸显出来。随着翻译职业化进程的迅速推进，翻译逐渐走向实用，对实用翻译人才需求和培养的呼声日渐高涨，翻译人才培养正在从“学术型”向“专业型”或“应用型”转变，MTI作为一种专业学位教育呈现出勃勃生机。这一切对传统的MA方向形成了一定的冲击。如今面对就业压力，特别是市场对实用翻译人才的需求，MA学生的出路更多的也是从事口笔译工作，也需要通过国家相应的翻译资格认证考试。因此，MA学生翻译理论的学习意识已出现渐被淡化的趋势，而相对于MTI明确规定的充足的翻译实践练习量，MA的翻译实际操练又明显缺乏。可以说，在现有的MA培养模式下，MA这种隶属于“英语语言文学”名下的“翻译理论与实践方向”的毕业生既不系统掌握研究方法和翻译理论，理论研究能力不够强，翻译实战训练又不足，翻译实践能力达不到要求。这样的尴尬局面在天外的MA毕业生中已经有所体现。从某种意义上说，传统的MA与新生的MTI出现了趋同态势。

作为MA和MTI两个方向的指导教师，我们深深体会到，MA和MTI翻译实践课程教学是一个很大的挑战。随着MTI这一实践导向突出的培养模式的诞生，传统的MA培养模式下的翻译实践课程应如何设计？趋同还是求异？如何求异？这是摆在我们面前的一个首要思索的问题。

我们在MA“汉英翻译”实践课程教学模式设计上做了一些探索和尝试，旨在配合MA翻译理论教学，在实践教学环节突出理论与实践有机结合的基本原则，重视翻译实践教学中的理论导向。我们认为，理论素养是译者能力培养的一个决定性因素。如果说MTI的培养在强调实践能力的同时应兼顾理论素养，那么MA这一学位层次的人才培养则应注重翻译理论意识与翻译实践能力的均衡发展，在此基础上，MA培养模式中翻译理论意识的培养应进一步突出。在为培养实用翻译人才而不断更新翻译教学理念的同时，翻译理论意识（包括翻译主体、翻译过程、翻译结果等）培养的重要性不应被削弱和淡化。特别要在MA翻译实践教学环节中加强学生翻译理论的灌输，激发学生关于翻译理论与实践关系的思考。在MTI教育的冲击下，传统的MA应该被“正名”，它应以自己的特色优势而被保留一席之地，与MTI各具特色、共生发展，以达到翻译人才多元化的社会需求目标。

三、MA“汉英翻译”课程教学模式设计

翻译研究学派的主要创始人Holmes于1972年提出的翻译学框架包括纯理论研究和应用翻译研究（翻译教学研究是其分支之一），其中纯理论研究又分为描写翻译研究和翻译理论研究。他特别提出了翻译学的两个主要目标：客观描写“翻译过程和翻译作品的各种现象”；确立“描写或预测上述现象”的“普遍原理”。（Holmes, 1988: 67-80）

《翻译教学：从研究到课堂——教师手册》（*Translation Teaching: From Research to the Classroom–A Handbook for Teachers*）一书的作者Colina在谈及翻译教学法在翻译研究中所扮演的角色时回顾和修正了Holmes的研究蓝图，进而提出，翻译教师要利用理论翻译研究和描述翻译研究的成果，开发教学原则和教学方法，创造教学材料。（Colina, 2009: 5）。在该书中Colina还指出，交际型翻译课堂教学的目标是通过学生的自我意识和他们对翻译过程的理解，培养学生的自信心，因此，必须对理论与实践的关系以及理论与实践的关联性时刻保持清醒的认识。（同上，64）她继而提出了理论教学的“语境化方法”（contextualized approach）：传统的翻译教学方法将理论作为独立的一个模块，往往用一些实例对理论概念进行解释；在交际型翻译课堂上所

采用的语境化教学方法中，理论只是附属于翻译任务的需要和进程；换言之，理论为实践和数据资料服务，而不是正相反。建立相关的理论概念与专业的交际性翻译之间的关系，这应该是翻译教学的一个组成部分。不以建立这样的关系或用理论帮助学生获得翻译能力为宗旨的教学方法很容易会被淘汰，因为学生可以通过自己阅读相关文献来获得同样的结果。（同上，65）

如能在翻译实践教学设计中融入Holmes的蓝图，并结合Colina所倡导的理论教学方法，将可能达到MA的预定培养目标。基于此，作为有别于MTI"汉英工作坊"课程教学模式、突出MA实践教学课程中的理论导向的一次探索，我们以天外2009级MA学生为对象，以我们承担的一部有关"十二生肖"的汉籍外译项目中的一个长篇——"生肖鼠"为语料，为MA（研二）的"汉译英"实践教学课程做了如下的设计：

在课程描述中，MA汉译英被确定为一门"以学生为中心、以教师为主导、以翻译任务为基础、以翻译过程为导向"的"交际型"教学课程，其主要目标是"培养学生运用相关翻译理论进行翻译实际操作、描述和解释翻译过程中出现的问题和所作决策的能力"，其主要任务是围绕"生肖鼠"这一语篇，"探讨宏观的语篇类型和体裁、微观的语篇组织策略和词汇、句法、语义、风格等策略，探讨翻译过程中译者遇到的语言、文化等方面的问题以及采取的解决方法和理论依据、由此产生的理论反思等等。"课程设计包括五大模块：

五大模块中，"自主研读"部分是指为学生提供一个推荐书目，作为课堂教学的补充，为翻译任务提供理论与实践层面的支撑。"翻译任务"部分是指每周布置"生肖鼠"语篇中的一部分让学生进行翻译，要求翻译作业中附译者注和翻译日志，记录译前准备、译中遇到的问题和所做修改等决策及其理论依据等。期末提交带有全部翻译作业的"翻译卷宗"。"课堂教学"部分可描述为"交际型翻译课堂教学'四部曲'（如图所示）。"课后反思"部分是指学生就课堂教学中得到的启发，对自己的译文进行修改并作相应的理论思考和理论研读，特别围绕"翻译理论与实践的关系"进行反思，为学期论文的撰写积累素材。"学期论文"部分，是指学期末要求学生撰写有关"翻译理论与实践关系"的论文，与"翻译卷宗"一起记入获得本课程学分的成绩记录中，同时为最后的MA硕士学位论文的实证研究作必要的准备。

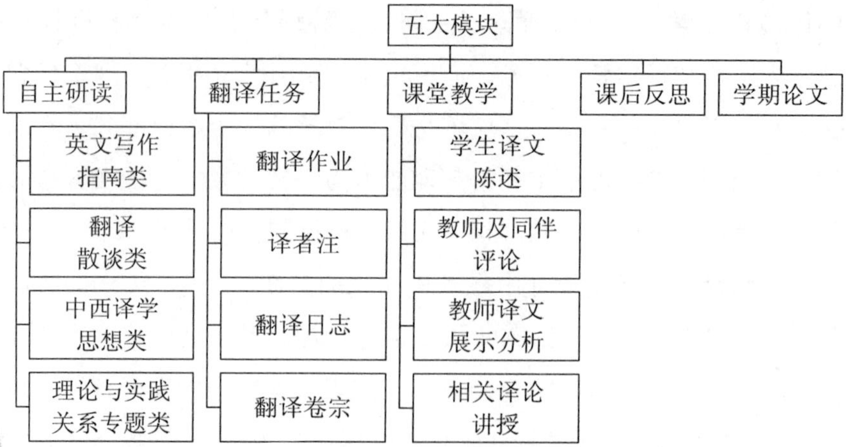

这个MA实践课程教学模式设计，作为MA翻译理论课程教学的一个补充,旨在加强MA学生翻译实践中理论意识的运用以及从事翻译研究所必备的理论素养的培养。通过一学期的教学，该模式的实验结果主要体现在两个方面：

第一是学生课堂所作的译文陈述报告。学生将翻译视为译者作出抉择的一个过程来对其进行描述和分析。除个别学生仅仅探讨微观的语言层面的问题之外，大多数学生都能运用相关翻译理论对自己的翻译过程进行解释，并表示翻译理论对宏观和微观的翻译实际操作均具有指导意义。学生在课堂上所作的译文陈述报告主要涉及：

（1）运用Nida对“翻译本质”的探讨以及翻译过程的四个基本步骤（分析—传译—重组—检验）对翻译过程进行描述。

（2）结合Newmark的“文本分类”以及“交际翻译”和“语义翻译”的策略探讨译文的增删、修改等。

（3）引用Catford“翻译即是寻找对等”的学说解释翻译过程中所作的抉择。

（4）借用Gutt关联翻译理论中的“认知、关联、交际线索、读者期待”等概念，对翻译中的取舍、增删等策略进行论证。

（5）以“功能学派”翻译理论（“目的论”）为依据，从译文功能的角度，解释在将“老鼠”在中国文化中的形象及其象征意义传递给外国读者的过程中应该追求的是“对等”还是“充分恰当”的原则。

（6）运用Snell-Horny所倡导的翻译研究“综合法”，对翻译过程进行从宏观（“文学文本”还是“普通文本”）到微观（如词的动态性和辞典意义）的分析。

第二是学生学期论文的撰写。经过一学期的学习，学生们在期末撰写并提交了围绕“翻译理论与实践”关系思考的学期论文，论文的论题可大致归纳为：

（1）从Nida的“功能对等”理论分析“生肖鼠”一文翻译过程中译者文化意识的必要性；从“功能对等”视角，对外宣翻译中由语言差异和文化差异造成的翻译困难和障碍及其相应的解决策略进行探讨；以“生肖鼠”翻译为例，从“等效论”探讨汉英翻译中文化负载词的翻译策略。

（2）借助Snell-Hornby的《翻译研究综合法》中语篇分析的宏观—微观模式，对“生肖鼠”的原文进行类型定位和文本分析，从语用、文化、文体风格和语言四个层面，对译者在翻译过程中所作的抉择进行探讨，从而验证了该模式对更好地理解和传达原文的内容和风格所起到的指导作用；以Snell-Hornby的跨文化翻译理论分析”生肖鼠“翻译中文化内涵的处理方法。

（3）结合Gutt“关联理论”中有关翻译的心理机制和认知、最佳关联等观点，对“生肖鼠”原文中的成语典故、文化意象、文言引语和文化负载词等的具体翻译方法进行探讨；借助“关联理论”中“翻译是一种推理—明示的交际行为”的观点，以“生肖鼠”为个案，探讨翻译过程中，译者所扮演的角色——作为接受者和交际者，译者应当使自己的意向与译文接受者的期待相契合，按照“最佳关联”原则提供成功的译文；以“生肖鼠”翻译为例，证明了“关联理论”中“直接翻译”与“间接翻译”两种翻译方法对翻译实践的解释力。

（4）以“功能学派”的代表性理论——“目的论”为理论框架，探讨对“生肖鼠”这种中国文化对外传播翻译所适用的翻译策略，以及其中存在的功能性、文化性和语言性翻译失误现象；以“目的论”中宏观（功能视角）—中观（文化视角）—微观（语篇视角）的“自上而下”的翻译过程模式分析“生肖鼠”这一外宣翻译文本的有效处理方法；回顾“功能主义”翻译理论的基本概念和主要观点，结合“生肖鼠”的翻译，对“功能学派”翻译理论对文本翻译及译者培养的指导作用进行探讨，同时运用批判性思维，指出“目的论”的局限和不足。

（5）探讨“翻译理论与实践”的关系，以“生肖鼠”中的译例证明翻译理论对实践的指导作用；依据Chesterman&Wager的《理论对译者有用吗？象牙塔与语言工作面之间的对话》（*Can Theory Help Translators? A Dialogue Between the Ivory Tower and the Wordface*）一书中的主要观点，结合“生肖鼠”的翻译，综述翻译理论对翻译实践的作用——指导、解释和评价；从“翻译理论”的概念、功能等认识出发、对‘翻译无理论’、‘翻译理论无用’的观点进行批评反思；从马哲认识论视角阐述翻译理论与翻译实践的辩证关系——指导译者选择翻译手段、分析翻译结果。

四、结语

翻译人才培养是一个系统工程，面对翻译产业化和实用化的新形势，MA的学科定位一定要进一步明确，它当是学科、学理指向的。当然，翻译学科的特殊性决定它与实践密不可分，但就MA而言，翻译实践也应是贯穿学理的，是对翻译所蕴含的哲学、逻辑、文学等学理成分的实践反馈和修正。因此。本文所探讨的主要内容便是正确梳理和厘清翻译理论与翻译实践的关系，特别是翻译实践中如何突出理论意识的培养。翻译实践课上的理论教学环节应该紧紧围绕这一目标进行，使理论意识的培养贯穿于实践教学的每一个环节。

MA的学科性质决定，理论素养是其人才培养的一个决定性因素，而理论素养涉及强烈的学科意识、敏锐的学术眼光、良好的理论思维能力、系统的研究方法以及独立发现问题和解决问题的能力、创新性思维和批判性思维等。这些培养目标的实现不仅仅是理论课堂上的推导和证伪，也应贯穿于翻译实践教学之中，应在实践课程教学模式设计中体现出来。总体而言，MA培养模式应注重与学科定位、学理基础、理论意识以及培养效果的有机结合。与此同时，翻译学研究生教育是为翻译学科建设培养后备力量，因此要尽快明确并普及“翻译学”硕士学位点。

本文旨在引发进一步的讨论：如何进一步完善现有的翻译方向研究生的翻译教学体系，更新、明确翻译方向研究生教育理念和人才培养模式，区分、突出MA和MTI各自的特色，使传统的MA走出尴尬境地。

参考文献

[1] 穆雷:《中国翻译教学研究》,上海外语教育出版社 1999 年版。

[2] 穆雷:《翻译理论在翻译教学中的作用》,载《外语与外语教学》,2004 年第 3 期。

[3] 穆雷:《翻译学研究生教学探讨》,载《中国翻译》,2005 年第 1 期。

[4] 穆雷:《建设完整的翻译教学体系》,载《中国翻译》,2008 年第 1 期。

[5] 穆雷、王巍巍:《翻译硕士专业学位教育的特色培养模式》,载《中国翻译》,2011 年第 2 期。

[6] 谢天振:《学科建设不能搞"大跃进"——对近年来国内翻译学学科建设的一点反思》,载《东方翻译》,2011 年第 2 期。

[7] 仲伟合、穆雷:《翻译专业人才培养模式探索与实践》,载《中国外语》,2008 年第 6 期。

[8] Bell, R. T. *Translation and Translating: Theory and Practice*, Beijing: Foreign Language Teaching and Research Press, 2001.

[9] Catford, J. C. *A linguistic Theory of Translation*, Oxford University Press, 1965.

[10] Chesterman, A. &E. , Wager. *Can Theory Help Translators? A Dialogue Between the Ivory Tower and the Wordface*, Beijing: Foreign Language Teaching and Research Press, 2006.

[11] Colina, S. , *Translation Teaching: From Research to the Classroom, A Handbook for Teachers*, Shanghai: Shanghai Foreign Language Education Press, 2009.

[12] Holmes, J. S. , *The Name and Nature of Translation Studies*, in J. S. Holmes (Eds.), Translated! *Papers on Literary Translation and Translation Studies*, Amsterdam: Rodopi, 1988, pp. 67-80.

[13] Newmark, P. , *Approaches to Translation*, Shanghai: Shanghai Foreign Language Education Press, 2001.

[14] Newmark, P. , *A Textbook of Translation*, Shanghai: Shanghai Foreign Language Education Press, 2001.

[15] Nord, C. , *Translating as a Purposeful Activity: Functionalist Approaches Explained*, Shanghai: Shanghai Foreign Language Education Press, 2001.

[16] Robinson, D. , *Becoming a Translator—An Introduction to the Theory and Practice of Translation* (2nd edition), Landon&New York: Routledge, 2003.

[17] Wilss, W. , *The Science of Translation: Problems and Methods*, Shanghai: Shanghai Foreign Language Education Press, 2001.

关于《日语翻译与实践》课程建设与教学改革的探讨与研究

天津外国语大学　李运博

【摘要】随着我国现代化进程的迅速推进，对传统的翻译类课程建设提出新的、更高的要求。笔者为了适应这种需要，以《日语翻译与实践》为平台，对该课程进行了一系列的教学改革，试图摸索出一条新时代翻译课程的建设之路，以实现翻译类精品课程的新跨越。目前，该课程业已在课程体系、教学方法、多媒体教学手段等方面处于国内领先水平。特别是，本课题组开发制作的网络课程具有信息量大、内容新、直观性强、覆盖性强、资源共享的特点，在专业课教学方面起到了一定的示范和推动作用。该课程于 2009 年被评为天津市市级精品课程，并于 2010 年获选国家级精品课程，成为全国日语专业仅有的五门国家级精品课程之一，在全国日语教育领域获得了一定的推广，发挥了较好的示范和带动作用。

【关键词】《日语翻译与实践》精品课程教学　改革网络课程　实践教学

一、研究目的

随着现代化进程的迅速推进，如何适应日益发展的社会、经济、文化等方面的严峻挑战，培养出时代所需要的翻译人才，是翻译课亟待解决的课题，这对传统的翻译类课程改革提出了新的、更高的要求。为了适应新时代对翻译课教学改革的需要，笔者在教育部外语专业教学指导委员会副主任、日语分委员会主任、日语学科带头人修刚教授的指导下，带领团队成员对《日语翻译与实践》课程的课程目标、教学内容、教学模式、教学方法、课程体系、实践教学、自主学习平台建设、人才培养等各个方面的建设进行了一系列的教学改革，试图在充分学习和借鉴本学科以及各相关学科在教学改革，特别是精品课程建设经验的基础上，努力摸索出一条符合新时代要求的翻译课程建设之路，以实现翻译类精品课程的新跨越。

二、本课程建设沿革与课程建设的重点

上世纪70年代初，天津外国语学院（大学）建院伊始便开设了日语翻译课程（《日语翻译与实践》)。作为日语专业三年级专业必修课程，在30余年的教学改革实践中，不断更新教学理念，在教学内容的充实、教学方法的多元化以及课堂翻译实践能力的培养等方面取得了一批标志性成果。目前，该课程已经成为特色突出、教学效果明显的专业主干课程。

本次课程建设（教学改革）的重点主要体现在以下四个方面：

在教学内容方面，在注重对学生翻译基本功训练的同时，力求突破原有课程学习的局限性，充分运用网络和信息等现代化的技术，综合课程内在知识体系，调动学生纵向与横向学习的兴趣，激发学生的学习热情；

在教学形式上，加强试题库、参考文献资料库、音像资料库、应用文对译大全、名译赏析等网络数据库，为学生搭建自主学习的平台，形成传统教学与现代化手段相结合、理论与实践相结合、形式与内容有机结合的开放性教学新模式，保证课程体系的科学化、系统化和现代化，进一步提高教学质量；

在特色人才培育上，努力使学生具有扎实的基本功、开阔的视野、广博的知识和较强的语言应用能力。同时，提高人才培养的时效性，实现立足天津、面向全国，为国家的经济建设和社会发展培养具有自主学习能力和跨文化交际能力的日语人才的人才培养目标；

加强实践教学，努力为学生创造实战环境，使学生在实践中得到锻炼，学会在实际应用中发现问题、解决问题，进而培养学生从事科学研究与科研创新的学术意识。

目前，本课程业已较好地实现了以上课程建设与教学改革的预期目标，在课程体系、教学方法、多媒体教学手段等方面处于国内领先水平。特别是，本

课题组开发制作的网络课程具有信息量大、内容新、直观性强、覆盖性强、资源共享的特点，在专业课教学方面起到了一定的示范和推动作用。《日语翻译与实践》于2009年被评为天津市市级精品课程，于2010年获选国家级精品课程，成为全国日语专业仅有的五门国家级精品课程之一，在全国日语教育领域获得了一定的推广，发挥了较好的示范和带动作用。

三、本课程的特色及创新点

作为课程建设的总体目标，本课程在狠抓学生翻译基本功训练的同时，按照“课堂上注重学生对中日文化理解的培养，提高学生的跨文化交际能力的培养；课堂外注重翻译实践”的思路对课程体系建设、特色人才培养、课堂教学效果、课外实践（课外作业）监控体系建设进行科学、有效的改革。同时，本课程还将人事部“翻译资格考试”纳入课程目标，创建开放性教学新模式，构建了更加科学、系统、现代化的课程体系。经过了近三年的教学实践检验，我们高兴地看到，本项教学改革效果显著，对提高教育质量发挥了很大作用。概括起来，本课程主要具备以下几个特色：

1. 课程体系更加科学化、系统化、现代化

有效地突破了原有翻译课程课堂教学与课外练习等教学环节的局限性，综合了日汉笔译、汉日笔译、初级口译及高级口译等内在知识体系，初步实现了课程体系的科学化、系统化、现代化，充分地调动了学生纵向与横向学习的兴趣。

2. 分阶段教学，利用现代化教育技术，实现了翻译课立体化的教学新模式

在教学环节中，本课程改革注重实行词汇翻译、句子翻译、文章翻译、文体翻译等分阶段教学，加强各教学环节的设计与衔接。同时，在加强各阶段教学的针对性的基础上，充分运用网络和信息等现代化教育技术，形成了传统教学与现代化手段、翻译理论与翻译实践相结合的立体化教学新模式，进一步有效地保证了教学质量的稳步提高。

3. 通过实现练习的真实化、系统化，提高了教学效果

在课程设计中，本课程按照“精讲多练”的原则，在增加练习数量的同

时，努力实现练习的真实化，并注意提高练习的应用性。在课堂教学中，本课程着重加强对“误用”实例的分析，提高翻译实践的针对性，实现“举一反三”的教学效果。

4. 加强实践教学，努力提高学生的实际翻译能力

面向新时代的外语教学越发凸显了实践教学的重要性。为了适应新时代对外语教学的需要，本课程大力加强实践教学、课外实践活动的力度，努力为学生创造实战环境，使学生在实践中得到锻炼，学会在实际应用中发现问题、解决问题，检验自己的实际操作能力，掌握翻译的技巧，全面提高学生的跨文化交际能力。

5. 基本实现了培养职业化翻译人才的人才培养标准

在人才培养上突出翻译课教学的专业性、系统性、应用性，培养学生具有坚实的基本功、开阔的视野、广博的知识和较强的语言应用能力，特别是加强对学生翻译基本功的训练，提高学生的实战能力，培养真正意义上的职业翻译人才。

6. 加大数据库建设，搭建自主学习的平台，努力培养学生的自主学习能力

加强试题库、参考文献资料库、音像资料库、应用文对译大全、名译赏析等网络数据库的建设，同时，开设了简单易用的“翻译课堂”（自主学习平台），学生可以随时提问，由翻译硕士（MTI）研究生、主讲教师组建的课题组将对提问进行实时的汇总、解答，对具有普遍意义以及精彩的提问、解答将汇编成“精彩解答”数据库，供广大学习者共享，拓展了学生学习的时间和空间，有效地培养了学生自主学习与科研创新的能力。同时，这个网络平台的建立，有效地扩大了教学实践的信息量、提高了课堂教学的时效性，将课堂教学延伸到课外，保证了翻译课教学的高起点、高水平。

7. 充分考虑到教授者与学习者的个性化需求，发挥了精品课程的实际应用作用

在一些精品课程建设中，存在着未能很好地实现精品课程建设与教学实践、课堂教学与学生自主学习完美结合的缺点和不足。或只是把其当成是教改项目成果而束之高阁，或只是简单地将其当成是学生自主学习的工具、对

象的問題。本课程充分考虑到教授者与学习者的个性需求，在课程“主页面”开设了“译界动态·翻译研究”、“翻译出版·学术论文”等栏目，将翻译领域的最新成果进行了“汇总”和“链接”，既保证了课堂教学内容的先进性，又可以有力地促进教师科研水平的提高。同时，无论是教案还是课件，都保证了绝对的数量，甚至部分内容制作了两三套课件，这样教师可以根据实际情况进行适当的取舍、组合，可以保证每一堂课都可以有新的内容、新的视角，体现了课堂教学的多样性。同时，教师在课堂上未使用的例词、例句均可以作为学生自主学习的内容，成为对课堂教学必要的补充。在提高课后练习的针对性的同时，充分发挥了精品课程的实际应用性，起到较好的示范和带动作用。

8. 在调动学习主动性的同时，通过多种实践环节开发和培养学术意识

作为高年级专业主干课程，本课程在保证培养和提高学生翻译理论与实践能力，也就是翻译基本功的基础上，还担负着培养学生科学精神与学术意识的任务。在教学实践中我们发现，科学精神和学术意识培养的关键是对“发现问题、分析问题、解决问题”能力的开发和培育。其中，“问题意识”（学术意识）是培养学生“发现问题能力”的前提。本课程结合三年级本科生的特点，积极倡导“协同学习”的教学理念及模式，努力通过小组讨论、课堂发表、课后整理等实践环节，培养学生的学术意识。

四、强化实践教学，有效提高学生的“双基”能力

由于翻译教学是一种综合能力的培养，并非一朝一夕所能成事，所以本课程改革的重点是通过大量的翻译实践，结合一定理论和技巧的逐步掌握来实现高级翻译人才的培养。因此，就需要在教学中注重加强中日两种语言对比的意识以及对两种语言结构不同点的认识；加强对语言文化背景知识的了解；加强翻译理论与技巧的教学与运用，培养学生熟练运用各种翻译技巧的意识与能力；加强学生语言基本功的训练，提高语言的准确性，注重语言的得体性。

简而言之，本项教学改革的整体思想就是，在教学中分别加强了校内及校外翻译实践基地的实践教学。其中，校内的实践教学旨在引导学生进行汉

日两种语言与文化的比较，探讨其可译性和可读性。教学内容选用多样化题材进行翻译实践，使学生了解各种词句及文体的语言特点，在实践中将汉译日的理论和技巧教授给学生，以提高其翻译速度和译文质量；校外的实践教学，旨在使学生的语言运用能力和创新能力得到切实的提高。通过日语翻译各环节的实践教学，使本专业学生的语言实践能力得到大幅度的提高，使97%以上的学生至少能够承担一般性的翻译工作。

具体来说，课外翻译实践教学的具体措施包括：

（1）本学科利用天津市重点学科“十一五”建设资金建立了同声传译语言实验室、日本文化实验室及计算机网络工作室等在国内具有一定知名度的翻译实践基地。

（2）本学科与丰田汽车、电装电子、三美电机等11所单位建立合作关系，作为校外翻译实践基地，定期派遣实习学生，使学生的语言运用能力和创新能力得到切实的提高。

（3）建立了一系列科学而系统的学校、用人单位和行业部门共同参与的学生考核评价机制。

（4）突出服务社会的专业特长，鼓励并组织学生积极参加社会实践活动，其中在天津召开的国际会议的日语同声传译工作基本都是由本专业承担。在校本科生、研究生经常参加涉外实践活动，既得到了锻炼，更提高了业务水平，“北京奥运会”、“第十届世界日语教育研究大会”、“达沃斯论坛”、“东亚经济交流促进机构10城市企业经贸洽谈会”等志愿者活动均获得了主办方的好评，日语专业的师生已经成为天津市大型外事、外贸活动中的骨干力量。

（5）大力开展国际合作办学新模式，目前本学科已经与日本22所知名大学建立了姊妹校交流关系，确保每年派遣80-100人赴日留学，在实现国外优秀教育资源共享的同时，也为提高学生跨文化交际能力搭建了优质的实践教学平台。

五、教学效果

整体来看，本项教学改革效果比较显著，对提高教育质量发挥了很大作用。具体而言，教学效果体现在以下几个方面。

第一，在特色人才培养上取得了丰硕的成果，教学质量有了充分保障。学生的专业四级、八级考试的通过率都远高于全国平均通过率。其中，2007级人参加的日语专业四级考试通过率为98.7%，比全国通过率高出43个百分点；2008级的日语专业八级考试通过率为93.4%，比全国通过率高出39个百分点；2009级的日语专业八级考试通过率达到了97.4%。

第二，在国内外的各种大型日语专业比赛中，学生表现出色，成绩优异。近五年来，共荣获特等奖4人、一等奖10人、二等奖8人、三等奖12人；其中，蝉联第一、二、三届“明生杯”日语演讲比赛高年级组和低年级组冠军；蝉联第二届、第三届、第四届“中华全国日语演讲大赛华北地区预赛”第一名，蝉联第四、第五届“中日友好之声日语演讲比赛全国冠军总决赛”第一名。学生经常为各类大型国际活动提供志愿者翻译、解说和礼仪服务，2008北京奥运会召开期间，本专业的翻译团队的骨干教师及优秀学生参加了北京奥运会志愿者活动，他们娴熟的语言表达能力、扎实的外语基本功和丰富的经验受到了各方的好评，荣获了北京奥组委和天津市委、市政府授予的多项殊荣，日语专业的师生已经成为天津市大型外事外贸活动的骨干力量。

第三，学生的学术意识和科研能力有了明显提高。自《日语翻译与实践》精品课程建设3年来，本科生共公开发表论文5篇，在全国性学术会议以及世界日语教育研究大会上宣读论文7篇，连年获选天津市级优秀论文，获得国家级大学生创新创业计划项目1项，主持校级本科生科研立项27项，学生考研率有了大幅提高。

六、今后的课题

《日语翻译与实践》经过三年来的探索和完善，基本实现了预期的教学改革目标，效果显著。特别是，在课程目标、教学内容、教学模式、教学方法、课程体系、自主学习平台建设、人才培养等各个方面的建设取得了一系列的教改成果，形成了一个科学化、系统化、现代化的课程体系，获选国家级精品课程，发挥了一定的示范和带动作用。不过，美中不足的是，本课程在教材开发和使用方面还存在着明显不足，急需研发一套更加符合新时代发展和需求的高水平翻译类教材（包括电子版教材、辅导教材等）。另外，还要继续加大对实践教学的力度，在积极调动学生的学习主动性，有效地扩大学生的学习时间与空间，强化学生自主学习能力培养的同时，进一步加强多媒体教学和网络互动环节建设，进一步加强实践教学基地建设，以便满足实践教学的需要，特别是要在实践基地建设的规模、层次、实际效果等方面下工夫。

参考文献

[1] 马凤鸣：《平地摔跤不足奇——翻译与辞书》，载《日语学习与研究》，1992 年第 1 期。

[2] 席巧玲：《工科大学日语翻译教学的重要性》，载《日语学习与研究》，1992 年第 2 期。

[3] 王艳迎：《学以致用——日语口译教学探讨》，载《日语学习与研究》，2000 年第 1 期。

[4] 杜勤、高宁：《关于翻译课教学的理性思考》，载《日语学习与研究》，2000 年第 4 期。

[5] 朱京伟：《试论中译日实践课的选材与教学方法》，载《日语学习与研究》，2001 年第 1 期。

[6] 王忻：《教学模式对高校外语专业教学的启示》，载《日语学习与研究》，2004 年第 3 期。

[7] 张晓希：《基础日语教学新模式的探讨与研究》，载《日语学习与研究》，2005 年增刊。

[8] 徐仲林、徐辉：《基础教育课程改革理论与实践》，四川教育出版社 2005 年版。

英语翻译教学中的文化因素及其恰当处理

牡丹江师范学院应用英语学院　张林影

【摘　要】语言与文化密不可分的关系决定了语言的翻译也离不开文化。英汉两个民族间的文化差异导致两种语言之间出现了词汇空缺现象、语义联想差异及语义错位现象。因此，在英语翻译教学过程中要对文化因素给予特别的关注。为了在目的语中忠实再现源语异域文化因素，翻译教学中可以采用移植法、借用法和意译法。

【关键词】翻译教学　文化翻译　文化因素　文化差异

一、引言

翻译是传播文化信息、促进文明进步必不可少的重要手段。既然翻译被视为传播文化信息的一种手段，那么就不应该将翻译研究局限于狭隘的语言文字层面，而应将其置于广阔的文化语境之下。目前翻译学界的首要任务就是要重新定义翻译这一术语：从仅囿于字面形式的翻译（转换）逐步拓展为对文化内涵的翻译（形式上的转换和内涵上的能动性阐释），因此翻译研究本身就是一个文化问题，尤其涉及两种文化的互动关系和比较研究（王宁，2005：6）正如孙致礼先生所说的：翻译不仅是语际转换，也是跨文化转换（孙致礼，2003）译者“必须掌握两种语言……但是不了解语言当中的社会文化，谁也无法真正掌握语言。译者处理的是个别的词，面对的则是两大片文化，因此每个译者都要做一个真正意义上的文化人（王佐良，1989）”语言是文化的重要组成部分，文化只有通过语言才能得以传播。在此过程中，文化也渗透到语言的各个层面。而翻译的目的在于用最贴切、最自然的对等语再现源语的信息，因而翻译不仅是语言之间的转换，还涉及文化的转换。翻译是具有不同语言文化的民族相互沟通、相互交流、相互了解的桥梁，是世界各国文化交流的工具。语言与文化密不可分的关系决定了语言的翻译也离不开文化。因此，在翻译教学过程中要对文化因素给予特别的关注。

二、英汉语言文化差异对翻译的影响

翻译活动自产生开始，便与各民族之间的文化交流结合在了一起。就其具体操作形式而言，翻译活动被视为不同语言之间的转换活动，而就其实质而言，翻译又被理解为是一项跨文化交流活动。英汉语言文化的对比通常是从微观与宏观两个角度进行的，后者对翻译教学更具有指导意义。在翻译教学过程中应增加对学生文化知识的输入，培养其跨文化意识。为了更好地进行英汉互译，首先要了解英汉语言文化差异对翻译的影响。

（一）词汇空缺现象

有些词在一种语言里存在，而在另一种语言里没有对等的词，有人称这种情况为词汇空缺现象。目前存在以下三种词汇空缺的定义：一指各自文化中特有的词汇；二指源语中存在某种为异族文化所不明白、莫名其妙的、易于误解的东西，造成异族文化的空白；三指负有特殊文化色彩的词和表达方式(陈喜荣，1998：1)语言之间的词汇空缺是一种自然现象，存在两种情况：一种是物质生活方面的词汇空缺，另一种是文化方面的词汇空缺。前者指一个民族物质生活中表示特有事物的词语在异族语言中没有与其概念相同的对应语，但进入异族生活后通过音译、意译等手段在异族语言中找到对等语，成为该语言的借词（郭爱先，1998：5）例如：Salad这种凉拌菜源于法国，英国最先没有这道菜，语言中也不存在这个词，因此只好从法语中原封不动地“移植”过来，中国人通过将其音译为“沙拉”引入汉语词汇中。再如，英语从汉语中借去了ginseng、mahjong、kowtow等词；汉语又从英语中借来了俱乐部、坦克、维它命、咖啡、因特网、模特儿、沙发等词语。文化方面的词汇空缺主要是指某些具有民族文化色彩的词语或语义无法在另一种民族的语言中找到对应的表达。产生于美国20世纪60年代的“hippie”，由于它是美国文化的独特产物，在汉语中无法找到与之相对等的词语，曾音译为“希比士”或“希比派”，现定译为“嬉皮士”。

还有一些民族文化内涵特别丰富的词语，在翻译时也必须采用释义或注释等方法，说明该词的语用含义，才能使译语读者了解源语独特的文化现象。如：我属鸡。我从来不吃鸡。鸡年是我的本命年。(陈宏薇：《新实用汉译英教程》)。“生肖”是代替十二地支、用来表示人们出生的十二种动物，也就是俗话说的“属相”，是中国人特有的一种表示出生时间的方式，相当于西方的黄道十二星座。而在西方民族文化中没有以动物配属人的出生年份的习俗，因此也无法理解该句中“属鸡”、“鸡年”、“本命年”所蕴含的文化内容。因此，译者只有译出了这些词语的指称意义，用释义或注释等方法说明该词的语用含义，英语读者才有可能了解源语独特的文化现象。所以该句可以翻译为：“I was born in the Year of the Rooster. I never eat chicken. The Year of the Rooster will bring me good luck or bad luck. （Chinese people traditionally use 12 animals, representing the 12 Earthly Branches, to symbolize the year in which a person is born. Spring Festival 1993, for example, is the first day of the Year of the Rooster People born in this year have the rooster as their life symbol. All other years of the rooster, according to an old Chinese saying, become either good-or-bad-luck years for them.)”

（二）语义联想差异

朱光潜先生曾在其著作《谈文学》中的《谈翻译》一文中提到：英语中的fire, sea, Roland, castle, rose在英汉两个民族中所引起的联想有很大区别。它们对于英国人意义较为丰富。同理，中文中“风”、“月”、“江”、“湖”、“梅”、“菊”、“燕”、“碑”、“笛”、“僧”、“隐逸”、“礼”、“阴阳”之类字，对于我们中国人所引起的联想和情趣也决不是西方人所能完全了解的。

作为人类认识世界的重要领域之一，色彩不但被赋予了物理属性，同时也反映出各民族独特的文化特征，因此成为语言文化及翻译领域很重要的研究课题。地理环境、宗教信仰、风俗习惯、民族心理、思维方式等方面的差异导致各民族对各种颜色所产生的联想意义也不尽相同，翻译教学中应该特别注意引导学生去了解其中的异同。例如，在翻译中国四大名著之一《红楼梦》时，英国翻译家霍克思（David Hawkes）认为对汉语民族而言，红色表示喜庆、吉祥、幸福，但在讲英语国家人的心目中，红色意味着流血、暴力或危险，而金黄色和绿色则与汉语中的红色具有类似的联想意义。因此，他在翻译涉及红色的词语时作了一定的变通处理。

在英汉两种语言中有很多动物名词字面意义一样，但其联想意义有很大差别。如英汉两个民族对于“龙”的联想迥然不同。中华民族受图腾文化的影响，对“龙”、“凤”非现实动物倍加尊崇，赋予“龙”高贵、尊严的内涵，代表皇权、吉祥等积极意；把“凤”比喻成美好、才智的象征。古代帝王被尊为“真龙天子”，穿的是“龙袍”，我们自己是“龙的传人”。人们用“龙凤呈祥”、“夫龙妻凤”来祝福一对新人。“龙”是中华民族的象征。而在西方文化中“龙”被看作是凶恶狠毒的象征，是能喷烟吐火的怪物。《圣经》中把与上帝作对的恶魔撒旦称为“the great dragon”。一些圣徒如圣麦克尔、圣乔治等都因杀死“dragon”而被视为英雄。因此把“亚洲四小龙”译为“Four Asian Dragons”就不妥。若译为“Four Asian Tigers”，就不失为一种较好的文化信息的对等，因为“tiger”（老虎）在西方人心中是一种较强悍的动物，至少不会使人联想到某种可怕的动物。另一种情况就是对于同一种概念或理念，汉英民族用不同的动物作比。例如比喻一个人力气大，汉语的表达为“力大如牛”，英语则是“as strong as a horse”（力大如马），原因在于中国农业自古以来以牛耕为主，英国古代主要靠马耕。

（三）语义错位

语义学中词语的上下义关系理论既涉及到词汇的同义现象，也涉及词义的多义现象和蕴含性。语义错位是指两种语言的上义词和下义词之间不对称。语义错位有时是和文化密切相关的。如果某一社会对某类事物非常重视，或者某类事物对于该文化社会来说非常重要，在这种文化的语言中往往会产生许多下义词来描述该事物。例如，汉语中的“酒”包括葡萄酒、白酒、啤酒等，那么“酒”就是上义词，葡萄酒、啤酒、白酒就构成了“酒”的下义词。而在英语中存在葡萄酒（wine）、啤酒（beer）、威士忌（whisky）这样的下义词，却没有与“酒”对应的上义词。于是在翻译“酒文化”这样的词语时就会遇到麻烦。同样，英语中有许多与汉语中“杯子”对应的下义词，例如glass（玻璃杯）、cup（茶杯）、goblet（高脚杯）等，但却找不到与汉语中

"杯子"对应的上义词。因此，要翻译"去买个杯子！"这样十分简单的句子，必须要首先弄清句子中的"杯子"到底指哪种杯子，是glass还是cup，亦或goblet.

三、英语翻译教学中文化因素的恰当处理

面对不同文化间的差异，翻译首先需要解决的问题就是如何对待不同的文化（许钧，1997）作为一种文化活动，翻译的内容不仅仅是语言符号本身，同时也包含语言符号所承载的文化。对于英汉两种语言中存在的语言文化差异，翻译时应尽量做到：在译语文化和译语读者可接受的限度内尽可能传达源语的文化信息。因此，在翻译教学过程中只教学生语言的转换规律和翻译技巧是不够的，还要对文化因素给予特别的关注。如何在目的语中忠实再现源语异域文化因素，成为学术界关注的焦点，也是翻译教学中有待解决的问题。吕叔湘、连淑能、毛荣贵、刘宓庆、杨自俭、陈宏薇、方梦之、王寅等学者在这方面都做过不少深入的研究，他们的研究成果可以直接用来指导本科翻译教学。

（一）移植法

一般而言，带有文化特色的语言表达往往都是些形象化的表达。保留原文中的形象化语言，就等于为两国读者保留了了解英汉两种语言文化的机会。同时，新鲜形象的不断引入，也有利于英汉民族对异域文化的解释和消化。因此，对于英语中文化内涵丰富的词语，但凡有可能，应尽量采取保留原形象的移植译法，使之成为汉语中的"新鲜血液"，反之亦然。例如，对于"Beauty lies in the lover's eyes. "和"The pot calls the kettle black. "两则谚语，很多人会"以土代洋"翻译成"情人眼里出西施"和"五十步笑百步"。虽然语义很对，却犯了"文化失真"之大忌。若是用"移植"的译法将其翻译成"情人眼里出美人"和"锅嫌罐黑"，就可以为中国读者提供了解异国风情、欣赏原文独特表达方式的机会。再如，出于对读者接受能力的考虑，英国翻译家霍克思（David Hawkes）将《红楼梦》里刘姥姥的话"谋事在人，成事在天"译成了"Man proposes, God disposes. "这样翻译的结果虽易于读者理解，却违背了源语宗教背景和深层文化信息。源语中刘姥姥是佛教徒，在译

入语中却变成了基督教徒。出于对这一问题的考虑，杨宪益先生在翻译此书时将该句译为“Man proposes, Heaven disposes.”此外，称呼同样也被赋予了文化色彩。在《红楼梦》中，贾府里的小辈常称贾母为“老祖宗”，杨宪益译为“Old Ancestress”，霍克斯（David Hawkes）则译为“Grannie”。“Grannie”自然是英美人惯用的称呼，特点在于亲热。“Old Ancestress”虽不是正式称呼，但含有敬意，属于中国文化色彩。

（二）借用法

所谓借用法，就是指借用现成的汉语俗语来翻译英语俗语，或借用现成的英语俗语来翻译汉语俗语，即我们通常所说的“拿来主义”。此译法通常用于以下两种情况：一是当某些英语或汉语表达在意思和形象上彼此非常相似或非常接近时，我们可以借用这些相近或相似的现成的英汉表达来直接互译。此方法在习语翻译中最常见。例如，英语中有“Walls have ears.”这样的表达，而汉语中恰好有一表达“隔墙有耳”在意思和形象上与之对应，这种情况下我们就可以借用汉语的相应表达直接翻译。又例如，汉语中有“空中楼阁”这一表达，而恰巧英语中有“castle in the air”，意思和形象也都很接近，因此我们完全可以套用英语的现成表达直接进行翻译。还有很多类似的例子，如：Like father like son（有其父必有其子），习惯成自然（Habit is second nature），晴天霹雳（a bolt from the blue）等等。二是在英语或汉语中有许多表达虽然在两种语言中找不到“形同意同”的对等表达，但却可以找到“形异而意同”的表达，这时也可以借用现成的表达来翻译。例如，将“The spirit is willing, but the flesh is weak.”译为“心有余而力不足”，“英雄所见略同”译为“Great minds think alike.”。第一句如果直译成“精神上原意，肉体上太弱”，不仅形式上有失精练，意思也不够明确。两句直接套用现成的英语表达，使得表达非常精练到位。

（三）意译法

由于英汉语言文化的差异，对于英汉语言中某些富有文化特色的表达方式既不宜采取移植法，也不便采取借用法，只好牺牲原文的某些文化特色，根据上下文进行意译，以保持原文内容的完整性。在翻译实践中经常会出现这样的情况，就是无法将文化负载词的意义和形式在译文中同时再现，不得不舍弃其一。例如：对于句子“The man is the black sheep of his family. ”如果采用移植法译成“这个人是家里的黑羊”便会使人莫名其妙，不知所云。因为汉语民族并不了解西方文化中喻体“黑羊”为魔鬼的化身。如果意译为“这个人是家里的害群之马”，喻义就一目了然。翻译英美人难以理解的汉语文化时亦如此。例如把“力壮如牛”翻译成“as strong as a cow”，英美人也会感到难以接受，不如译为“as strong as a horse”。

再例如，孙艺风曾举过一个“司马昭之心，路人皆知”的例子。

原句：美帝国主义的侵略意图是司马昭之心路人皆知。

初译：The aggressive intentions of the American imperialists are none but Si-Ma-Zhao’s heart which is known to every pedestrian.

改译1: The aggressive intentions of the American imperialists are none but an open secret.

2: The aggressive intentions of the American imperialists are as plain as the nose on face.

孙艺风指出，对于“文化特有项”作为隐喻对象“令外国读者……不知所云的”,“如果认为出典十分重要，不可取而代之，那只能加注解释一番”，但如果两者之间没有直接的联系，只是借用，则加注“反而分散读者的注意力，消弱译文的效果”。孙艺风用这个例子就是想告诉大家：处理文化意象时省略在所难免，应把“着眼点放在源语文化和目的语文化的相通处”，“在不明显影响基本信息（包括文化信息）传递的情况下，对于不可译的文化成分可以省略。尤其是那些看似含有文化意蕴，实际上已属陈腐僵死的词语，包括一些成语，弃之毫不足惜，如有必要可进行再造和重组（孙艺风，2004）”

参考文献

[1] 王宁：《翻译的文化建构和文化研究的翻译学转向》，载《中国翻译》，2005 年第 6 期。

[2] 孙致礼：《新编英汉翻译教程》，上海外语教育出版社 2003 年版。

[3] 王佐良：《译：思考与试笔》，外语教学与研究出版社 1989 年版。

[4] 陈喜荣：《从功能语法语境理论看文化负载词的翻译》，载《四川外语学院学报》，1998 年第 1 期。

[5] 郭爱先：《词汇空缺及其可译性》，载《解放军外语学院学报》，1998 年第 5 期。

[6] 许钧：《文化“差异”与翻译》，载《中国比较文学》，1997 年第 1 期。

[7] 孙艺风：《视角 · 阐释 · 文化——文学翻译与翻译理论》，清华大学出版社 2004 年版。
[8] Cultural Elements in English Translation Teaching and the Proper Coping Strategy.

翻译教学中文化信息的处理

牡丹江师范学院应用英语学院　贾岩

【摘　要】翻译过程中的文化差异常常要求助于翻译策略来解决，即归化与异化策略。应根据不同情况采取不同的翻译方法，使译文既准确转换了信息，又不丢失其文化内涵，让读者在学习语言的同时也感悟文化。

【关键词】翻译文化因素　文化差异　归化　异化

翻译活动自出现起，就与各民族之间各种形式的交流往来结合在一起。就具体操作形式而言，翻译活动是不同语言的转换活动，而就其实质来说，翻译活动是一项跨文化交流活动。英汉语言文化对比包括微观与宏观两个部分，后者对翻译教学更具有指导意义。增加文化知识的输入，培养跨文化意识，在这方面，吕叔湘、刘宓庆、连淑能、杨自俭、王寅、方梦之、陈宏薇、毛荣贵等学者都做过不少深入的研究，他们的研究成果可以直接指导本科翻译教学。当今译学界的一个当务之急便是重新理解和阐释翻译的含义：从仅囿于字面形式的翻译（转换）逐步拓展为对文化内涵的翻译（形式上的转换和内涵上的能动性阐释）。由此看来，研究翻译本身就是一个文化问题，尤其涉及两种文化的互动关系和比较研究（孙致礼，2003）。正如孙致礼先生所说的：翻译不仅是语际转换，也是跨文化转换。译者“必须掌握两种语……但是不了解语言当中的社会文化，谁也无法真正掌握语言。译者处理的是个别的词，面对的则是两大片文化，因此，每个译者都要做一个真正意义上的文化人。”（王佐良，1989）

随着现代学、社会语言学、人类学、语用学等新学科的发展，特别是跨文化交际学的兴起，翻译理论研究出现了从微观语言结构的对比研究到宏观语言文化背景探索的转向。语言的文化内涵、思维方式、宗教影响、社会价值取向等超语言因素在英语翻译教学过程中具有十分重要的地位。因而作为一名英语教师，在翻译教学中应注重培养学生的文化意识，并有意识地把文化知识渗透到具体的翻译教学实践之中，以此来激发学生在学翻译过程中将语言学习和文化学习有机结合起来，从而提高学生的翻译能力。

一、影响英汉翻译的文化因素

翻译是文化的载体，在文化交流中起着桥梁作用。面对不同文化之间的差异，面对事实上存在的矛盾（对文化的共存而言，差异自然是个矛盾的因素），翻译首先需要解决的问题，就是如何对待不同的文化（许钧，1997）。因此，要较好地完成英汉两种语言之间的翻译就要熟悉一下影响英汉翻译的几点因素。

（一）民俗文化因素

民俗文化差异是指某种语言的词汇所指的概念在另一种语言社会里并不存在，原因就是各民族独特的风俗习惯创造了大量的民族习惯用语，因而在翻译过程中缺少对等的词汇。这种例子在英语和汉语之间是非常多的。例如，中国道教文化、阴阳八卦思想以及同农业社会密切相关的许多词汇在英语中很难找到对等的表达方式，如：还愿、来世、太极、惊蛰、三九等。英语中的vicar, priest, churchman, clergy, blackcoat, chaplin, minister, pastor等词之间的差异很难翻译出来，很多情况下只好笼统地把它们译成“牧师”。英汉民族之间不同的社会习俗给这两个民族的价值观、审美观带来很大的差异，比较典型的就是对动物的态度差异。例如，汉民族以虎为百兽之王。在汉语中，虎是权力和勇猛的象征，体现在诸如“龙盘虎踞”、“虎毒不食子”等习语中。然而英语中用狮子取代了汉语中老虎的地位，具体体现在Ass in a lion's skin（狐假虎威），a lion in the way（拦路虎）等表达中。此外，中国人注重乡土观念，因而产生了“老乡”这一概念。而英语社会里，人们并不看重老乡关系，没有这一概念，所以更不可能有这样的词，因此要想翻译好也不是一件简单的事情。

（二）宗教信仰因素

宗教作为一种文化现象，构成了人类思想文化的重要组成部分。宗教信仰差异导致文化差异、语言差异。例如，中国人信佛教，崇尚“天”，而西方人大多数信仰基督教，因而出现了许多包含“God”、“devil”，“church”等词语的表达，如between the devil and the deep blue sea（进退维谷），as poor as a church mouse（一贫如洗），Man proposes, God disposes（谋事在人，成事在天）等许多类似的习语。汉语中也存在许多与佛教、道教等宗教有关的成语、谚语、习语。例如，“放下屠刀，立地成佛”原是佛教改恶从善的话。“五体投地”是佛教最恭敬的行礼仪式，指的是两手、两膝和头一起着地，现用来比喻佩服到了极点。在中国传统文化中，我们有佛教的“阎王”，道教的“玉帝”，“主宰自然界”的老天爷，神话的“龙王”和“开天辟地”的盘古。而这些概念在欧美文化中并不存在。中国人常念道：‘菩萨保佑或上天保佑”，然而英国人则常说God bless you（上帝保佑你）。

（三）思维模式因素

语言是思维的载体，因而语言和思维是分不开的。人的语言表达受思维方式支配，因此，要研究语言就离不开对文化的研究。而研究思维不研究各个民族的哲学观就很难说明问题。每一个民族都有自己独特的语言理解和思维方式，在观察、理解与思维方式上都存在着一定的差异。英汉民族之间不仅民族文化不同，而且在思维方式、思维特征、思维风格等方面也存在很大差异，而思维差异会进一步导致两个民族在语言表达上的差异。英语民族注重客体思维方式，而汉民族则主要是主体思维方式，因此，英语是注重主语（subject-prominence）的语言，非人称主语用得多，被动句用得多，主语一般不能省略，连词、介词用得多。中国传统哲学主张“天人合一”、“万物与我为一”，反映在语言上就是施事主体可以蕴含在行为事件的主观表现中。在汉民族的心目中，“人”是万物之灵，从而产生了以“人“为中心来思考一切事物的思维模式。在汉语的句子成分中，主语并不被看成是必要的成分。因此，汉语为主题突出（topic-prominence）的语言，主语多为有生命的事物，无主语句较多，主动语态用得较多。中国人的思维充满了暗示，善用比喻，以外物间接地表达自己或其他事物，在说明问题时，爱用形象与比喻法，即使涉及逻辑推理问题也偏爱形象思维。相对而言，受西方哲学思想体系影响，英语民族偏爱抽象思维。这一差别在语言上体现十分明显。

二、翻译教学中文化信息的处理

作为一种文化活动，翻译既是特定社会文化条件下的产物，也是译者主观的选择。译者所持的文化态度、文化立场、政治理想、人生价值观在他们对翻译文本、翻译策略的选择上也起着非常重要的作用。所以，在评价译文时，应全面考虑影响翻译的各种因素，把它放到一个大的文化环境中去审视。只有这样，才能使翻译研究全面、深入。对于英汉两种语言中存在的语言文化差异，翻译时应本着一个总的原则：不仅要忠实地传达原文的语言意义，还要准确地阐述原作的文化内涵，尽可能地保证原文与译文等效或等值，使译文读者能够获得与原文读者如出一辙或大致相同的感受。

翻译学家Nida曾说过："就真正成功的翻译而言，译者的双文化能力甚至比双语能力更重要。"（Nida，1993）因此，翻译教学中要培养学生跨文化意识和国际化意识，不仅要注重英语文化的导入，同时要引导学生学习自己民族的文化。通过对英汉文化知识进行有目的的对比，可以有效地增强学生对英汉文化差异的敏感性，有助于学生在翻译过程中准确地表达出原语的文化内涵，进而提高翻译能力。

（一）归化异化作为翻译手段

如何将源语中的文化信息最大限度地在目的语中保留并呈现出来，这是翻译活动要解决的一个重要问题；如何处理好源语和目的语之间的关系，尤其是源语和目的语之间差异较大的文本，是翻译界长期以来争论的焦点。由于不同的译者持有不同的文化立场，翻译活动的指向不同，译者所选取的翻译策略必然会随之不同。归化、异化之争不仅体现在翻译策略和翻译方法的选择，更体现了译者的文化立场。"归化"以目的语文化为归宿，而"异化"则以源语文化为归宿。"异化"要求译者向作者靠拢，采取相应于作者所使用的源语表达方式，来传达原文的内容。而"归化"法则要求译者向目的语读者靠拢，采取目的语读者所习惯的语言表达方式，来表达原文的内容（Venuti，1995）。归化、异化之争可追溯到19世纪初，德国著名哲学家、翻译理论家施莱尔马赫的《论翻译的方法》一文。他提出，翻译的途径只有两种：一种是以作者为中心，即尽可能让作者安居不动，而引导读者去接近作者；另一种是以读者为中心，即尽可能让读者安居不动，而引导作者去接近读者。但当时施莱尔马赫只是对归化异化进行一般意义上的区分。1995年，美国的解构主义翻译家韦努蒂（Laurence Venuti）在《译者的隐形》一书中提出了“异化法”和“归化法”的概念，给自己的理论探讨设置了特定的语境——将弱势语言文本译为强势英语文本的翻译活动。韦努蒂认为，假如弱势语言文本在进入强势文化的翻译过程中被归化，那么弱势语言所包含的异化成分就会被抹杀掉，由此产生的译本不仅不能体现异族文化的“异”之所在，反而会误导英美读者，让他们愈发沉湎于文化方面的自我陶醉。他确信“英文异化翻译可以成为有利于民主的地缘政治关系，对抗我族中心主义、种族主义、文化自恋情绪和文化帝国主义的一种形式（Venuti，1995）”。归化和异化，突破了语言因素的局限，将视野扩展到语言文化和美学等领域。归化翻译，理论上把语言看作交际的工具，实践中要使译文通顺，让译文读起来像读母语的感觉，把文化差异尽量缩小；而异化翻译的目的是尽量保留源语的语言与文化特点，通过异化策略翻译的译文让读者了解异国文化，以弥补本族文化的不足。美国翻译家奈达（Eugene Nida）是“归化”理论的推崇者，他提出了“功能对等（functional equivalence）”和“读者反映论（Reader’s Response Theory）”的观点。

（二）归化、异化在英汉翻译中的应用

在翻译意象时会遇到文化因素的干扰，特别是由于词汇空缺、词义冲突、语义联想不同等造成的困难，本着向外译介中华文化的原则，翻译时要力求保持原诗的文化特征，即能采用异化的地方使用异化，不能采用的地方则使文化因素“中性化”。从文化传播的角度看，此时采用异化手段较好。

词义冲突，即目的语中表面对应的词汇与源语文化是冲突的，如人们所熟悉的“东风”、“西风”之争。如李煜《虞美人》中的“小楼昨夜又东风，故国不堪回首月明中”的译文为：

On the balcony last night, again an east wind,
The moon was so bright, I couldn't bear to look toward
the old land.
——Tr. hans H. Frankel

"东风" 被译者译为"east wind"采用了异化的手法。很显然，在这种情况下，从文化传播的角度出发，宜采用异化手段直译。

许渊冲教授在论及译诗时提出"三美说"，即音美、意美和形美。同样，商标的译名也需要兼具形式美和内容美。其中，音韵美为形式美，其余二者为内容美，内外烘托，使商标译名产生亲和力，唤起消费者美好的遐想，增强他们的购买欲。对于以女性为主要消费群体的化妆品而言，考虑中国消费者的审美心理，翻译符合消费者审美情趣的商标尤为重要。Rejoice洗发水，如果直译为"快乐、喜悦"，则平淡无奇，且商品功能表达不明。由于冠名的商品为洗发水，译者抛开原意，根据中国女性喜爱长发飘逸、柔顺的心理，将其归化译为"飘柔"则打破原商标的本义，发挥译者丰富的想象力，使之与随风飘逸、乌黑顺滑的秀发联系在一起。"飘柔"把"Rejoice"的内涵义刻画得淋漓尽致，表达了原作者的真实用意，传递了英语商标词的神韵，激发了读者强烈的购买欲。

三、结束语

翻译理论家尤金·奈达（Nida A. Eugene）曾指出：所谓翻译，就是指从语义到文体用译文语言中最贴近的自然对等语再现出原文传出的信息，对于真正成功的翻译，熟悉两种文化甚至比掌握两种语言更重要，因为词语只有在其作用的文化背景中才有意义。不同的民族有着不同的文化，翻译教学中的文化导入，可以帮助学生尽可能多地了解别的民族的文化背景知识，熟悉其语言结构，充实学生的知识结构。在翻译教学中贯穿文化教学，可以有效地将文化信息传导给向学生，使学生既掌握了翻译理论知识、翻译技巧，同时又能学到有关的文化知识，从而取得事半功倍的教学效果。以上的例子说明，文化的差异必然导致翻译障碍，而作为翻译的两种策略，"异化"和"归化"原则是对立统一的。无论采取何种翻译策略，最终的目都是为了文化交流和传播作出贡献！

参考文献

[1] 孙致礼:《编英汉翻译教程》，上海外语教育出版社 2003 年版。

[2] 王佐良:《翻译：思考与试笔》，外语教学与研究出版社 1989 年版。

[3] 许钧:《文化“差异”与翻译》，载《中国比较文学》，1997 年第 1 期。

[4] Nida, Eugene A. Language, *Culture and Translating*, Shanghai: Shanghai Foreign Language Education Press, 1993, pp. 105-115.

[5] Venuti, Lawrence, *The Translator's Invisibility*, London and New York: Routledge, 1995, p. 132.

[6] Venuti, Lawrence, *The Translator's Invisibility*, London and New York: Routledge, 1995, p. 20.

论汉译法中的语篇视点问题

天津外国语大学　郭玉梅

【摘　要】本文基于语篇视点分析理论探讨了汉译法中的语篇视点问题。文章通过汉译法实例分析所涉及的四类语篇视点问题，指出对语篇视点的处理直接影响着对原作文本意境的再造、信息的传递和意义的重构，把握好语篇视点对于提高翻译质量具有重要意义。

【关键词】语篇视点汉译法　信息传递

一、引言

视点，是修辞学和文学文本分析的常用术语。它在修辞学中特指观察事物的角度；在文学中，指叙述故事的方法。熊沐清教授将语篇视点定义为："制约语篇深层结构（即语义）的一种图示，反映人们看待对象世界的角度和态度，支配着对象的选择与组合，从而又影响着语篇表层结构（即形式句法）的组织。"（熊沐清，2001: 21-22）。他进而又将语篇视点分为时空视点、观念视点、叙述视点和知觉视点四大类。这四种视点即分别作用于语篇又相互作用。

在翻译过程中，语篇视点影响着文本意境的再造、信息的传递和意义的重构，其作用不可小视。由语篇视点导致的翻译实践问题时有发生，一方面源自汉法两种语言在视点表达上的差异，另一方面则源自对原文语篇视点的误读。本文拟基于熊沐清教授的四分法来分析探讨汉译法中的语篇视点问题，以期证明把握和处理好语篇视点对于确保翻译质量的重要性。

二、时空视点

时空视点，是指人们观察或呈现对象世界时所依循的时空角度及位置，包括时空的起点和移动的顺序（熊沐清，2001: 22）。时空视点包括时间视点和空间视点。

（一）时间视点

时间视点为语篇提供一个时间框架，尤其在描述性以及叙述性语篇中起着非常重要的作用，制约着语篇。法语因属形合语言范畴，其时间视点一般要通过时间状语或动词的时态来标记。而汉语因其属意合语言范畴，其句子中的词法、句法、语义等均不是通过形态和时态的变化来表现，其时间视点只有在时间状语方面可以与法语对应，但没有明显的时态标记，其语篇视点的外形标记不明显。时间视点往往只是隐性地表达，这就使得译者在翻译过程中对时间视点的把握主要依靠句意的暗涵，稍有不慎，就会出偏差，如：

例1. 北京的冬季，地上还有积雪，灰黑色的秃树枝丫叉于晴朗的天空中，而远处有一二风筝浮动，在我是一种惊异和悲哀。

故乡的风筝时节，是春二月，倘听到沙沙的风轮声，仰头便能看见一个淡墨色的蟹风筝或嫩蓝色的蜈蚣风筝……（《风筝》（p. 45））

译文1. L'hiver à Beijing m'attriste et me déprime: neige épaisse couvrant le sol, branches d'un gris morne des arbres dépouillés tendus vers le ciel bleu, et au lon, planant, un ou deux cerf-volants.

Chez nous, la saison du cerf-volant, c'estle deuxième mois du printemps. Lorsque vousentendezvrombir un petit moulin, vouslevezla tête, à la recherche d'un cerf-volant-crabe de couleur grise ou d'un cerf-volant-scolopendre d'un bleu tendre. . .

译文2. L'hiver à Pékin avec ses monceaux de neige qui restent accumulés sur le sol, les branches nues de ses arbres, couleur de cendre, qui se découpent sur un ciel radieux ou très haut cabriolent un ou deux cerf-volants, me serre le coeur d'une façon indicible.

dans ma province natale, la saison des cerf-volantscommençaiten mars. Vousentendiezun bourdonnement d'hélice et, levant le nez, vouspouviezapercevoir ici un cerf-volant gris en forme de crabe, là un autre bleu-pâle en forme de scolopendre... （Le cerf-volant p. 73）

本文中第一自然段述说“此时此地”的景物，这时是“零度时间”，用动词现在时态来翻译，准确恰当。而第二自然段语篇视点有了转换，时间焦点变了，隐含的时间是过去，这一时间视点对话语的主题表述相当重要，它反映出叙述者通过看风筝勾起的回忆，展现了叙述者当时的经历和感受，使读者产生移情。叙述者在语篇中有意用标记语“故乡的风筝时节，是春二月，”一句将过去的时间加以强调。把时间从“现在”推向“过去”。文本时空视点的推移有序，层次分明。对比两种译文，我们可以发现，译文1使用了单一的时态形式（一般现在时），折射出单一的时间视点，没有准确理解和把握时间视点的变化，因此没有把这一时间视点准确迁移到译语语篇中去，影响了目的语语篇构建的连贯，从而影响原文信息的准确传达。而译文2分别以现在时和过去时来投射原语篇的时间视点差异，抓住了原文时间视点由现在转移到过去的回忆的区别，进行了得体的时间视点转换，使译文生动形象，比译文1更贴近法语的语篇常规，能使法语读者准确感知原文的信息和风格，令其印象深刻。

（二）空间视点

空间视点为语篇提供了一个空间框架，制约着语篇。空间视点包含距离和方位。汉法语篇中在距离概念上常有实际距离和心理距离之别及远指与近指之异，在空间概念上也会有上与下、前与后、平面与立体等的差别。在汉译法时，尤其在描述性或叙述性语篇中，由于空间视点的差异，翻译时要注意区分，如：

例1. 这里卖茶，也卖简单的点心与菜饭。(《茶馆》)

译文：Làétaient servis, outre le thé, des gâteaux et des repas simples.

从例句中我们可以看出，两种语言空间视点的定位有差异，汉语的空间视点趋于“近”，而法语的空间视点则趋于“远”。原文中的“这里”着眼于近指的心理空间视点。译文则分别转换为远指的空间视点Là，这样才符合法语习惯。

例2. 在我的后园，可以看见墙外有两株树，一株是枣树，还有一株也是枣树。(《秋夜》p. 2)

译文1. De mon jardin, derrière la maison, on aperçoit deux arbres de l'autre côté du mur. L'un est un jujubier; l'autre aussi.

译文2. Par-dessus le mur de mon jardin on peut apercevoir deux arbres. Le premier est un jujubier. Et le second est un jujubier également. （p. 55）

汉法语篇对空间位置有不同的视点侧重，在汉译法中，语篇的方位往往不尽一致，两种语言的空间表达习惯往往不同。译文1传递的空间视角似乎是一张平面图，叙述者的视角和方位并不清楚，似乎叙述者的视线可以穿墙而过。而译文2中Par-dessus一词则准确描述了叙述者的眼睛所看到的树：它们从墙头上探出来。可见在法语读者看来，译文2的空间视点表现了叙述者（或人物）的视角，方位更加清楚，更具立体感，也更加生动。因此，在语篇翻译过程中，理解原文的视点，再进行符合法语逻辑和习惯的恰当转换，实在是非常重要的。

三、观念视点

观念视点，涉及价值观和信仰体系，反映人们对于对象的态度（熊沐清，2001: 22）。具体地说，是指人们通过文字所表达的立场观点，反映着人们对事物的价值判断。不同民族的不同社会和文化背景必然导致其价值观念、意识形态的不同，这种不同体现于语言当中就形成了语篇中隐性或显性的观念视点。而语篇分析离不开观念视点的解码，语篇翻译更是不能离开观念视点的分析与传递。如果翻译中存在观念视点的错位，就可能产生一定的负面影响，有时还会影响正常有效的交流，政论文翻译尤为突出，如：

例1. 在1956年墨尔本奥运会前，国际奥委会奉行在一个国家承认两个国家奥委会的做法，将设在中国台湾的“中华全国体育协进会”也保留在其成员名单上。中国奥委会因而解散了已经组建的体育代表团，并于1958年8月中断了与国际奥委会的联系。

译文1. Avant les JO de Melbourne en 1956, le CIO a retenu comme membre le Comité olympique de«la République de Chine»basé à Taïwan, nécessitant la reconnaissance exceptionnelle de deux comités olympiques nationaux pour le même pays. La Chine n'a pas voulu envoyer sa délégation à Melbourne, et par la suite, la Chine coupa les ponts avec le CIO.

译文2. Avant les JO de Melbourne en 1956, le CIO a retenu comme membre le Comité olympique de«la République de Chine»basé à Taïwan, nécessitant la reconnaissance exceptionnelle de deux comités olympiques nationaux pour le même pays. C'est à cause de son désaccord avec le CIO que la Chine a dissous sa délégation prête à être envoyée à Melbourne, et qu'elle a rompu ses liens avec le CIO en août1958.

对比两个译文，我们不难发现，就“（中国奥委会）于1958年8月中断了与国际奥委会的联系”一句的翻译而言，前者附和了法国网站上的流行说法（la Chine coupa les ponts avec le CIO），但这种说法只表达了部分法国人的无知与偏见，我们中国政府和人民是不能接受的，因为“（中国奥委会）于1958年8月中断了与国际奥委会的联系”不是中国政府毫无理由地主动所为，而是我们迫于西方某些人制造“两个中国”的图谋，不得不这样做，始作俑者是那些制造“两个中国”的人。因此，译文2用“elle a rompu ses liens avec le CIO en août 1958. ”来译才恰到好处。

由此可见，翻译的过程绝不仅仅是一种语言到另一语言简单的形式转换，而是在各种场合中两种思维和观念体系相互作用、不断内化的过程。在一定的客观文化环境中，不同的译者有不同的文化、意识形态和政治立场，其观念视点往往不一致。译者的文化意识与态度就会通过其译文表现出来，这是值得我们注意的。

四、叙述视点

叙述视点在叙事语篇中十分复杂，是小说分析中常用的概念，主要应用于文学文本分析。申丹教授将叙述视角区分为四种主要类型：零视角（传统的全知叙述）；内视角（叙述者采用故事内人物的眼光来观察）；第一人称外视角；第三人称外视角（申丹，2001: 203）。鉴于叙述视点的复杂性和本文篇幅的关系，这里仅涉及其中部分问题。

例1.（贾瑞）到了床上，“嗳哟”了一声，一睁眼，镜子重新又掉过来，仍是反面立着一个骷髅。（《红楼梦》第十二回p. 142）

译文：mais lorsqu'il se retourna sur sa couche, il poussa, en ouvrant les yeux, un crid'effroi: le miroire s'était retourné et le revers lui présentait de nouveau l'image dressée du squelette.（*Le Rêve dans le pavillon rouge*Récit XII. p. 274）

很明显，从译文使用的时态标记看，（le miroire s'était retourné）镜子重新又掉过来”这一动作发生在（贾瑞）发出“嗳哟”声之前，也就是说，译者认为贾瑞是因看到了镜子里的骷髅后才发出的声音，尤其是译者还特别加入了补语d'effroi, 并且还使用冒号标点表示对前文的原因进行解释。译文被回译过去应是这样的：但当他（贾瑞）回到了床上，睁眼看时，吓得“嗳哟”了一声，因为镜子重新又掉过来了，仍是反面立着一个骷髅。

可实际上，原文中贾瑞照风月鉴，在镜中与凤姐私会，然后他被迷迷糊糊地送出镜外，其人物行为的推进顺序应该是其先到床，紧接着发出“嗳哟”声，而后睁眼，看见骷髅。时空移动顺序的焦点是，贾瑞的“暖哟”之声，并不是因为见到骷髅惊骇而发出的，也许是因为疲乏或因伤筋动骨所致亦未可知。译文中译成是贾瑞因见到了骷髅而发出了惊叫，显然是因译者对叙述视角移动顺序误读造成的误译。比较理想的译文应为：

mais lorsqu'il se retourna sur sa couche, il poussa un cri. ouvrant les yeux, il vit que le miroire s'était retourné et que le revers lui présentait de nouveau l'image dressée du squelette.

五、知觉视点

知觉视点关注知觉的对象，包括起始和终结两个部分，其实质就是信息的选择和组合（熊沐清，2001: 22）。在语篇翻译中，对视点的把握不仅仅孤立地停留在句子层面上，语篇的知觉视点应相互关联，逻辑性地稳定推进。知觉视点的关联性体现为各信息间或并列或领属的各种关系，影响着话题的相关，而话题对语篇的逻辑连贯有着直接的影响，统一所谈使之相关于某物而非它物，限制信息发出者的言语所指和含义，也限定信息接受者的推理和阐释，使译文读者和原文读者一样感受到层次分明、错落有序的视点推移。

例1. 天津是北方最大的沿海开放城市、环渤海经济圈的中心，天津滨海新区是又一带动区域发展的新的经济增长极。天津外国语大学就坐落在这座经济繁荣、社会文明、科教发达、环境优美的生态城市之中，在推动天津与世界各大洲交流与合作中发挥着重要作用。

天津外国语大学……（引自该校的对外宣传稿《中外求索育桃李 德业竞进谱华章》的第一段）

译文1. La ville de Tianjinest la plus grande métropole côtière de la Chine du Nord, fort dynamique en économie, en recherche scientifique, en éducation et en écologie. elle est aussi la ville pilier de la Nouvelle Zone Littorale Binhai, nouveau pôle de croissance de toute la région côtière de Bohai. L'Université des Études Internationales de Tianjin（TFSU）se trouve juste dans cette ville et elle joue un rôle important dans la promotion des échanges entre Tianjin et le reste du monde. /la TFSU. . .

译文2. L'Université des Etudes Internationales de Tianjin（TFSU）se trouve à la ville de Tianjin, la plus grande métropole côtière de la Chine du Nord et centre du cercle économique de la mer Bohai, et à laquelle est rattachée la Nouvelle Zone littorale Binhai, qui est quant à elle un propulseur de developpement et un pôle de croissance économique de toute la region côtière de la mer Bohai. Située en plein coeur de cette ville réputée pour son dynamisme économique, ses excellentes moeurs sociales, sa prospérité en recherche scientifique et en éducation et son environement sain（écologique）, la TFSU est appelée à jouer un rôle important dans la promotion des échanges entre Tianjin et le reste du monde. /la TFSU. . .

这是文章开篇的首段，意在介绍该校所处地理位置之优越。从原文中我们发现汉语的句法特征是意合，强调意义关联，在词语之间和句际之间无需形式衔接。在行文逻辑上先谈城市，再谈滨海新区，最后谈到学校，自外而内，由远及近，是一个形散意合的语言系统，符合中国人的知觉视点和习惯。而法语则是显性表达，在词语之间和句际之间需要有明确的形式衔接，要求句法结构完整，以形统意，借助关联词等形式关系元素来构建语义逻辑。同时，法语在语篇逻辑上要求开门见山，主次分明，在长句中应以主要成分表达主要话题，说明主题的内容则应放到修饰性的次要成分中去，否则将本末倒置。因此，根据原文本意，译文长句应以学校位置为主要成分，把天津和滨海新区作为修饰性成分处理，这样才符合法语读者的知觉视点和习惯。

译文1按照汉语语序翻译，表面上忠实于原文，而实际上改变了原文的信息结构。译文语篇重点不突出，话题转换突然，会让法国读者费解：文章究竟是要谈天津市呢，还是谈天津外国语大学？而译文2考虑到了汉法知觉视点的差异，改变了原文句序，运用了法语长句的逻辑特点，主句部分为主要信息，从句部分为次要信息，很好地保留了叙事主线的连贯，突显了“天津外国语大学”这一主话题，主次分明，说明了其位置优越的原文本意，这样更符合法语表达的习惯。

由此可以看出，在翻译含有复杂概念的语篇时，知觉视点的分析对于正确理解和重构语篇尤为重要。在进行此类翻译时，不但要进行词语层次的语义分析，而且还要从段落和语篇层次综合考虑信息的焦点、主次、逻辑等因素，才能很好地实现翻译转换。

六、结束语

本文基于熊沐清教授的语篇视点四分法，从理论和实践两个方面探讨了语篇视点对汉译法的影响。本质上，视点分析对翻译的作用主要体现在为解释语篇和重构语篇提供一个新的理论支撑和分析方法。译者不仅要转换原语信息，还应重视原语信息表达方式的转换(Reiss, 1971)。因此，对译者来说，首先必须仔细分析和领悟原作的语篇视点，尤其要考虑文本的时空视点、观念视点、叙述类型、话语逻辑以及语篇整体的信息组合，然后在重构语篇的过程中，要力求把握和重建原作的语篇视点，通过选择最贴切的字词、最适宜的语句、最合理的话语逻辑来实现原作意图的转换。总之，译者应该努力避免因汉法语篇视点差异或语篇视点误读而造成的翻译偏差，这是我们提高译文质量不可忽视的一个重要问题。

参考文献

[1] 申丹：《叙述学与小说文体学研究》，北京大学出版社 1998 年版。
[2] 曹雪芹、高鹗：《红楼梦》，人民文学出版社 1980 年版。
[3] 熊沐清：《论语篇视点》，载《外语教学与研究》，2001 年第 1 期。
[4] 郑敏宇：《小说翻译研究的叙事学视角》，载《外语研究》，2001 年第 3 期。
[5] 沈桂芬：《谈小说翻译者关注叙述视角的必要性：兼评海明威的叙述艺术及翻译》，载《重庆三峡学院学报》，2002 年第 5 期。
[6] 魏家海：《翻译中的语篇视点差异》，载《四川外语学院学报》，2002 年第 3 期。

[7] 王新卫:《语篇视点与翻译策略》，载《外语学刊》，2004 年第 5 期。

[8] 方开瑞:《论小说翻译中的人物视角问题》，载《中国翻译》，2003 年第 6 期。

[9] CAO XUEQIN, *Le Rêve dans le pavillon rougetraduit* par Li Tche-houa et Jacqueline Alézais, GALLIMARD, Paris, 1981.

翻译纵横

论社会科学文献英译中的引文规范

——以 APA 格式为例

重庆邮电大学　席仲恩

【摘　要】如果以汉语撰写的社会科学论文要在美国心理协会（APA）主办的刊物或者采用 APA 格式的其他英文学刊上发表，该论文就得翻译成英语，而且英译稿件还必须符合当前版本的 APA 格式。APA 格式的内容几乎包括了从论文撰写到投稿发表的全部过程，本讨论只涉及其中的文内引证中的直接引用和文后参考文献单的规范问题。文内引证中的直接引用包括串入式文字引用和单列式文字引用；文后参考文献单的格式主要涉及责任者的名称、责任说明、时间、文献题名和出版信息。关于文内直接引用，建议在存在对应英语原文的条件下，一定要找出引语的英语原文，在不存在对应英语译文的条件下，译者最好把直接引用转换为间接引用。关于文后参考文献单，建议译者要把非拉丁字母文字的作者姓名翻译成拉丁字母姓名，根据实际责任而不是字面意思著录作者责任，把非英语作品的题名翻译成英语题名。

【关键词】论文翻译　汉译英　引文规范　APA 格式

一、引言

经过几十年的发展，社会科学在中国的状况已经发生了巨大的变化，从20世纪80年代和90年代的单纯学习已经改变为今天的“学习+创新”。在那些工作在中国的有创新意愿和创新基础的社会科学工作者中，有些很可能希望把自己的研究心得与国际同行交流，把自己的最新研究成果与国际同行分享，并及时收到国际同行的反馈意见，特别是他们的批评和建议。可是，由于语言的问题，这些研究者或团队中的有些不能把他们的成果撰写成英语文章发表。对于这些研究者或团队，就只能先把成果用自己所熟悉的汉语撰写，然后再请人翻译成英语，以实现用英语发表文章的目标。为了提高拟发表论文被目标期刊接收的概率，论文的英语版本就应该尽可能符合目标刊物对稿件的规范要求。在这些规范之中，就有引证或援引规范（documentation），包括文内引证（in-text citation）规范和文后参考文献单（reference list）规范。

引证规范也称引证体例（citation style）。国际上以英语为语言介质的社会科学学刊很多，各种期刊采用的引证体例也不尽相同。不过，在众多的引证体例中，以芝加哥体例（通常缩写为CMS）、美国现代语言协会体例（通常缩写为MLA Style）和美国心理协会体例（通常缩写为APA Style）使用最为广泛。原因之一很可能是，这三种体例都有一本专门的连续更新的技术手册供使用者参考。因此，在学术出版领域称这三种引证体例为"三巨头"（沈弘，2002，p. i）。芝加哥体例技术手册的现行版是第16版（即University of Chicago Press, 2010），MLA Style手册的现行版是第3版（即Modern Language Association of America, 2008），APA体例手册的现行版是第6版（即American Psychological Association, 2010）。芝加哥引证体例详见其技术手册第16版的第13-15章；MLA引证体例详见其技术手册第3版的第6—7章；APA引证体例详见其技术手册第6版的第6—7章。

这三种引证体例的使用范围互为补充，几乎没有多少交叉。芝加哥体例因为既包括"数码–注–文献单"制（University of Chicago Press, 2010, 第14章），也包括了"作者–年"制（University of Chicago Press, 2010, 第15章），加之已有100多年的历史（芝加哥体例开创于1906年），因此使用范围最为广泛，主要涉及普及性著作、人文艺术和科学技术领域的著作。由于历史较短（初创于1971年）以及协会规模和学科特性的关系，MLA Style使用的范围最小，主要是文学艺术特别是文本研究领域。尽管APA体例在普及性作品中较少使用，在科学技术著作中也没有CMS那么普遍，但是，由于美国心理协会规模庞大，而且体例的历史也比较长（始创于1929年），再加上行为科学对其他社会科学领域的渗透以及和它们之间的较多交叉，它在社会科学中的使用最为普遍；除了心理学之外，它还广泛地使用在教育学、社会科学、工商管理学、医疗护理学（席仲恩，2011, p. i）；除了在美国本土使用之外，还在英国、加拿大、日本、中国等国家使用。鉴于APA体例在社会科学各领域中的使用较多，加之APA体例的现行版本有在中国大陆发行的中文翻译版（即席仲恩，2011），我在本文中选择了它。由于国内业界通常称APA体例为“APA格式”，中文翻译本也用了该名称，所以本文也采用了这种通俗的名称。

要把论文发表在采用APA引证体例的学刊上，论文中的引证必须符合APA引证规范，至少包括文内引证规范和文后参考文献单的规范。限于篇幅，本文主要讨论直接引用问题，有关其他引用的规范问题，请参阅*Publication Manual of the American Psychological Association*的第6版或该手册的中文翻译版的第6章。本文以下的讨论分三个部分：APA格式文内引证中的直接引用规范，APA格式中的文后参考文献单，以及结语。由于本文专门讨论APA引文体例，所以行文用的也是APA格式。这样，本文自身就是APA格式的例解，更便于读者了解APA引证格式和论文格式。

二、APA 格式文内引证中的直接引语翻译规范

（一）文内引证概要

引证就是引用其他作品中的思想内容、文字、数据、图表等，并表明引用的方式，给出所引用内容的出处（包括原始出处或非原始出处），从而使读者可以核查所引用东西的真实性和准确性。“引”即引用或援引，“证”即“何处查证”所引所用。APA文内引证规范分直接引用引证和其他引用引证。直接引用就是文中使用其他作品中的文字，分串入式引用（run-in quotation）和单列式引用（separate quotation）两种。单列式引用又叫“整块引用”，即block quotation，其他引证包括转述、总结、举例或列举、扩充文献信息等。

（二）直接引用

直接引用分串入式直接引用和单列式直接引用。APA格式中只规范了英语材料的直接引用，没有关于其他语言材料引用问题的建议。关于英语材料的直接引用，作者可以不加声明改变句首大小写和句末标点符号，也可以把

句内双引号变为单引号，从而使行文符合美国学术英语语法的要求，其他的任何变动都必须在紧随其改变之后加上方括号，并在方括号内具体说明更改的内容。最常见的更改是所引材料中的明显的文字书写错误（这时，在方括号中写上*sic*字样，即[*sic*]，意思是“原文如此”），或原文中的事实或史实错误（这时最好改为间接引用），或突显原文中的部分内容（这时，在方括号中写上emphasis added字样，意思是“强调是作者后加的”），相当于中文中的加着重号。

（三）英语材料的串入式引用

英语材料的串入式引用就是把其他英语作品或翻译成英语的作品中的文字作为一个完整的句字或者部分句子写进作者的行文之中，给出所引文字的具体出处，且作者的行文必须满足写作所用语言的语法要求。串入式引用的上限是不超过40个英文单词。引语单独构成一句话的情况极少；大量的情况是，引用文字是作者所撰写句子的一个或几个部分。APA格式不推荐…××× “××” ××× “××” ……这种香肠式引用（The contention that “inferiors revolt in order that they may be equal, and equals that they may be superior” [Aristotle, *Politics*, 5. 2]forms a striking contrast with the observation that “revolutions also break out when opposite parties, e. g. , the rich and the people, are equally balanced” [Aristotle, *Politics*, 5. 4]. ），且规定，串入式引用的文字必须放进双引号之内，出处紧随末引号之后，并置于圆括号之中；引文结束处若需要标点符号，如果该标点符号要放在插入出处的后括号之后，即下面的形式：

××× “××”（×××），

或

××× “××”（×××）。

可见，APA格式中的串入式直接引用实际上是句内引用。换句话说，根据APA格式的严格要求，串入式引用的引号之内不能出现句号。即不允许出现这种形式的句子：

As Cronbach points out, “validation is the process of examining the accuracy of a specific prediction or inference made from a test score. . . To explain a test score, one must. . . about its implications（p. 443）.

为了避免这种现象，APA把串入式直接引用的上限规定为不超过40个英文单词，这与CMS规定的不超过100个英文单词形成鲜明的对照。

在串入式引用中，置于圆括号之中的插入信息可以是“作者+逗号+年或年月或年月日+具体位置”，也可以是“年或年月或年月日+具体位置”，还可以是“具体位置”。到底用哪一种形式，这要看具体引入句的情况。如果引入句中已经含有作者姓名，那么插入内容中就得去掉“作者”；如果引入句中含有“作者”和“年或年月或年月日”，那么插入内容中就得去掉“作者”和“年或年月或年月日”。但无论如何，必须保留引文的“具体位置”信息。“具体位置”信息的关键是具体，它可以是页码（单数用p.，复数用pp.），也可以是段码（缩写为para.），还可以是别的，例如章（Chapter）或部分/节（Section）。

（四）英语材料的单列式引用

这是把其他英语作品或翻译成英语的作品中的整块文字作为一个或几个完整的段落搬进作者自己著作中的引用方式。一般要求把搬进的段落和作者自己撰写的段落明显地区分开来。APA规定，如果所引用的整块文字是40个以上英文单词长，那就要用单列引用。单列引用的整块文字要和它之前和之后的由作者自己撰写的文字之间空一行距离，而且还要左缩进一个段首缩进的距离（APA规定为5个英语字母，即2.5个汉字）。例如：

Cureton（1951）state,

Validity has two aspects, which may be termed relevance and reliability. “Relevance concerns the closeness of agreement between what the test measures and the function that it is used to measure. . . . Validity is therefore defined in terms of the correlation between the actual test scores and the true criterion scores.（pp. 622-623）

如果连续引用两个或两个以上段落的材料，那么，从引文的第二段起，每段还需要段首缩进，即段首第一句话还要再进一步缩进5个英语字母。例如：

In discussing how he and his associates underestimated the difficulty of reliability theory, Cronbach（1991）said,

We learned humility the hard way—the enterprise[writing a handbook of measurement theory]never got past that topic[the issue of reliability]. Not until1972did the book appear. . . that exhausted our findings on reliability reinterpreted as generalizability. Even then, we did not exhaust the topic.

When we tried initially to summarize prominent, seemingly transparent, convincingly argued papers on test reliability, the messages conflicted. (391-392)

三、关于文内直接引用对译者的几点建议

(一)英语语言材料的引用

零翻译。如果直接引用的材料原本就是英语材料，按照以上方式引用即可。如果串入式引用的材料多于40个英语单词，译者应该把串入式引用改为单列式引用，并做适当的技术处理，以符合单列式引用的格式要求。

回译。但是，如果直接引用的是译自英文的中文材料，那么，译者一定要译回原来的英文。确切地讲，译者应该(在作者的协助下)找出原来的英文材料。译者不可以把中文材料翻译成英文且作为直接引语处理。如果找到的对应英文材料比40个英语单词长，也需要把串入式引用改为单列式引用；如果找不到英语原文而非得翻译不可的话，译者就应该把直接引用改为间接引语。

(二)非英语语言材料的引用

一般原则。关于英语以外的其他语言文字的直接引用，APA格式中并没有具体的规范或建议。对此，译者可以参考芝加哥格式中的一般性建议(见University of Chicago Press, 2010, 第13. 71– 13. 79节)。这些建议的基本原则是，既要能让目标读者读懂所引用的内容，也要能让他们核验所引内容的真伪。具体选择有：(a)直接引用源语文字；(b)引用英语翻译本的文字；(c)引用作者自己的英文翻译，在括号或注释中提供源语文字；(d)引用源语文字，在括号或注释中提供英语翻译；(e)用英语转述，即改直接引语为间接引语。

四、具体建议

直接引用源语文字的条件是，假定的读者群完全可以直接阅读源语文字。由于这个条件在实践中很难满足，因此，直接引用源语文字的做法应该谨慎使用，最好不用。

如果所引文献有业内公认的英语翻译本，那么，就可以直接引用英语翻译本的文字。尽管有英语翻译本，但没有业内公认的标准本，这时译者最好既提供英语翻译（在括号或注释中）也提供源语文字。如果所提供的英语翻译来自某个具体的译本，那就必须引证该译本；如果没有译者满意的英语译文，译者自己在参考其他译文的基础上作出了自己的译文，在行文中可以不引证所参考的翻译本。

“引用作者自己的英文翻译”中的“作者”在这里指的就是译者。到底是在括号中还是在注释中提供源语文字，这取决于引文的长短。如果引文是个术语或者概念，那放在括号中是可以的；其他情况最好放在注释中。这是因为，APA格式禁止使用“( )( )”这种形式的括号，而必须把两个括号并成一个括号，或者变成“(…[…])”这种形式。如果括号中夹入的内容过多，就会给读者的阅读带来不便或者困难。因此，对于非英语的文字材料，如果不是非得以直接引语形式出现以显示原作者文字的权威性，最好是用间接引语或者以转述的方式引用。

“引用源语文字，在括号或注释中提供英语翻译”，这种形式的直接引用除极个别特殊情况（例如文化引入、语言分析、经典解读或研究等）外最好不用。如果可能，尽量改用间接引用。

用英语转述，或者改直接引语为间接引语，这是大多数科学文献翻译中的首选做法。因为，科学研究者关心的主要是内容，而不是内容的表述方式，更不是内容的语言载体。此外，不同作者的文字风格总是存在一定的差异，要把不同风格的文字整合在一篇或一段或一句话中，并使读者不至于因为文字风格的差异而分心，这是一项很难的任务，如果不是一项不可能的任务的话。因此建议，在非理论论证型的论文中，特别是实证研究报告中，最好用间接引语。这样做通常不仅节约篇幅，而且更便于读者阅读。

（一）APA 格式文后参考文献单中的翻译规范

尽管一篇论文通常不会因为文后参考文献单的不规范而被拒绝发表，但最少因此而被推迟发表或带来额外的（编辑）费用。因此，对于文后参考文献单中的英语以外文字的文献（如果有的话），译者应该遵守APA格式的具体规范要求，以促成论文的早日发表或节约作者的论文发表费用。

（二）文后参考文献单的著录规范概要

APA格式对文后参考文献单有一系列具体的规范要求，其中包括对责任者及其责任的要求、对不同文献不同时间格式的要求、不同类型文献题名及其保存的介质和（或）制式的不同格式要求、对非英语文献的格式要求以及对出版地和出版者信息的要求。

1. 责任者及其责任项的著录

责任者及其责任项通常是每个文献的第一项著录内容。责任者就是所参考文献的主要责任方，通常叫作者。次要责任方（如次要作者、译者等）不出现在责任者位置，而出现在题名位置，具体位置是题名后的括号之中。APA格式要求，对除一般撰写的书籍或文章之外，其他方式的责任者要在责任者之后的括号中标明具体的责任，例如编辑、主编、注释、导演、出品人、作词、作曲等。由于编辑责任很常用，APA规定它以缩写形式Ed.（单数时用）或Eds.（复数时用）。

在参考文献单中，责任者的情况通常有一个个体、几个个体、机构、无名氏、未署名。这里应该特别注意“无名氏”与“未署名”之间的差别。“无名氏”是一种署名方式（即责任者就是“无名氏”），对应的英文是Anonymous，而“未署名”指作品本身没有任何形式的署名（即没有责任者），例如很多综合性工具书或词典中的条目。在“未署名”情况下，题名要位于责任者的位置。

在APA格式中，责任者项是针对拉丁字母型的拼音文字而言的，对于其他文字并没有具体的规范建议。由于文中的作者姓氏通常是用拉丁字母书写的，而且参考文献单中的作者姓名又必须和文中的姓氏绝对一致（不然不懂拉丁字母的读者将无法查找相应的文献），因此，建议在参考文献单中以适当方式提供作者的拉丁字母姓名。根据APA的原则，可以设计出三种具体的方法：（1）著录作者的原始姓名，然后在作者原始姓名之后给出相应的拉丁字母名，放置在方括号之中；（2）著录作者的原始姓名，并在作者原始姓名之前给出相应的拉丁字母名，放置在方括号之中；（3）以作者的对应拉丁字母姓名著录，然后在其后给出作者的原始姓名，放置在圆括号之中。从既便于读者也便于作者方面考虑，我建议用方法（4）。

2. 时间项的著录

时间项是每条参考文献的第二项著录内容。在APA格式中，责任者并不是必须著录项，在没有署名者的情况下可以不著录责任者。但是，时间却是必须著录项。而且，对于不同的文献，时间的格式还不一样。对于一般的书籍、学位论文、技术报告型文献，著录时间为版权的年份或该版本推出的年份，而不是印刷的年份。对于学刊上发表的论文，著录时间为论文刊出的年份（例如2010）。对于通俗杂志上刊出的文章，著录时间为文章刊出的年份和月份（例如2009, May）。对于报纸上发表的文章，著录时间为文章刊出的年月日（例如2012, March 23）。

对于没有时间的文献，要根据不同的情况分别处理。对于已出版的作品，如果可以确定出版的时间，即使文献中没有出版时间，也按照有时间的文献著录；如果只能确定出大概时间，则著录大概时间，并用*c.* 表明是大概时间；如果确实不能确定文献出版的大概时间，则在时间项著录上无时间，缩写为n. d.，即no date. 对于未出版的作品，如果和出版商签订出版合同且已经定稿，则标明是待出版，英文是in press；如果和出版商签订出版合同但书稿还未定稿，则标明是在撰写中，英文是in preparation；如果文章还在撰写之中，也用in preparation标明。

3. 题名项的著录

题名项通常是第三项著录内容。在APA格式中，不同种类的文献以不同的格式著录。主要分为文章名、书（包括参考书）名、学位论文名、技术报告名、诗歌名、影视作品名、歌曲名等。题名项的内容不仅包括题名本身，有时还包括次要作者的信息、作品的版次（第几版）信息、作品的介质（例如CD）和制式（PDF）信息。APA格式要求，对于译者，要用“trans. +译者名姓”的方式说明责任；对于普通作者，要用“with contribution（s）by+作者名姓”，或者，用“with foreword or/and afterword by+作者名姓”之类的的方式说明次要作者所承担的具体责任。次要作者及其责任的说明要放置在题名后的括号之中，放在版次、介质和制式信息之后。

4. 出版者项的著录

对于书籍型文献，要著录出版者（商）的信息，通常包括出版机构的所在地和出版机构的名称。现行的APA格式规定：对位于美国的出版机构，所在地应包括城市和州或领地两项内容，其中州名和领地名要用美国统一的双字幕邮政缩写；对于美国之外的出版机构，除著录城市和相当于美国的州之外，还要著录国名。如果文献中同时出现了多个出版地，则著录第一个。对于机构责任者，如果出版者就是责任者，那么，出版者要著录为Author[作者].

对于定期性出版物，不著录出版者信息，而要著录作为载体的出版物信息以及析出文献在载体中的定位信息（页码范围）和身份识别编码（DOI码）或网址。

（三）载体出版物项的著录

载体出版物通常包括不定期和定期载体出版物两种。不定期载体出版物通常包括文集和百科全书；定期载体出版物包括学刊、杂志、报纸、学术机构的通讯等。

1. 不定期载体出版物

对于不定期载体出版物（文集和百科全书）中析出文献的著录形式是，在析出文献题名后加实心句号“.”，之后再用In+作者名1首字母（如F.）+作者名2首字母（如D.）+作者姓+（Ed./Eds.）+逗号+载体题名+（版次，页码范围）+实心句号+载体出版物的出版者信息。例如：

Cronbach, L. J. (1971). Test validation. In R. L. Thorndike (Ed.), *Educational Measurement* (2nd ed., pp. 443-507). Washington, DC: American Council on Education.

第一个方框中的是析出的文献名；阴影部分是析出文献在不定期出版物之中的定位信息；第二个方框中的是载体出版物的出版者信息。注意：以上的方框和阴影是为了便于说明而加的，在正式的文献单中没有这些标识。下面的例子也相同。

2. 定期载体出版物

对于定期载体出版物（学刊、杂志、报纸等）中析出文献的著录形式是，在析出文献题名后加实心句号“.”，然后著录载体名以及析出文献在载体中的位置信息和身份识别编码（DOI码）或网址。例如：

American Psychological Association. (2002). Ethical principles of psychologists and code of conduct. *American Psychologist, 57,* 1060-1073. doi: 10. 1037/0003-066X. 57. 12. 1060

Brody, J. E. （2007, December 11）. Mental reserves keep brain agile. *The New York Times*. Retrieved from http: //www. nytimes. com

在第一个例子中，第一个方框中的是析出文献的题名，第二个方框中的是载体出版物（学刊）的题名，第三个方框中的斜体数字是定期出版物的卷次号，第四个方框中的两个数字是析出文献在载体物中的页码范围，最后一个方框之中的是析出文献的身份识别编码。在第二个例子中，第一个方框中的是析出文献的题名，第二个方框中的是载体出版物的题名（报纸），阴影部分为析出文献的网址。

在APA格式中，DOI码和网址都必须在标点符号处移行，标点符号移至下一行，断行处不加连字符“-”，“http://”和“doi:”不可以断开，结尾处不加实心句号。APA格式还规定，如果一个文献（无论是文章还是书籍）既有DOI编码也有网址，那么就只提供DOI编码。

（五）关于文后参考文献单的著录规范对译者的几点建议

1. 责任者及其责任项

（1）责任者

在学术文献（包括文献单的著录）中，关于中国作者的姓名，应该严格按照英语的习惯。在叙述句中，用名或者名姓的顺序，不可用姓名这样的顺序。对于双字名的中国大陆作者，建议著录每个名字的首字母缩写，姓氏则用汉语拼音；对于港澳台的中国作者，建议著录每个名字的首字母缩写，姓氏用当地的习惯拼音。对于已经约定俗成的个体作者或机构作者，应按照具体的约定翻译。例如，“北京大学”就要翻译成Peking University。用汉语拼音翻译人名和机构名，这只适用于当代中国大陆的作者或一般机构，它既不适用于历史上的中国人名和机构名，也不适用于中国大陆以外的华人作者及机构。

对于韩国人和日本人的姓名，应该遵守日语和韩语姓名拉丁化的约定，不可以因为这些姓名用了汉字就用汉语拼音翻译成英语。对于其他用汉字的文字，其本国作者姓名的英译，都必须遵守该语言英译的约定，不可以以汉语拼音方式翻译成英语。

对于非拉丁字母文字的作者名一定要翻译成拉丁字母，不然，该文献在正文中很难引用。因为，正文是用英语撰写的，除了呈献之外，通常不允许使用非拉丁字母。因此，如果不把作者的姓名翻译成拉丁字母，文内的参引就很难（如果不是不能的话）和参考文献单中的具体条目建立对应关系。如果发生这种情况，参考文献单就形同虚设，没有发挥它旨在发挥的作用。

（2）责任

关于责任，一定要分清具体的责任。对于编著，作者的责任不予标明；对于“主编”，一定要分清到底是“主要编撰者”还是“主要编辑”。前者对应的英语是major author, 著录中通过位置标明，不用文字说明；而后者对应的英语则是Chief editor, 在作者姓名后应用文字Chief editor加以说明，说明文字放在括号之中。对于一般的教材，中国大陆所谓的主编实际上就是主要作者，不用著录其责任。只有大型的综合性工具书才可能出现真正意义上的“主编”。对于文集类作品的主编，不可以翻译成Chief editor, 而应该当作一般的编辑处理，即在责任者之后的括号中用Ed. [编辑]或Eds. [多位编辑]标明。对于无法析出具体贡献的副主编或者作者，在文献单中不应该著录；对于能够析出具体贡献的非文集或参考书作者，在文献单中都应该著录。如果一本教材既有主编，也有每章内容的责任人，那么，该教材应该按照文集的格式著录，即把“主编“当作一般的编辑来处理。如果能够知道所参考的内容的具体责任人，那么，该责任人就应该放在主要责任人的位置。因为，在学术领域，责任就是贡献，就是荣誉，而且在学术著述中贯彻的基本原则是：责任（荣誉）到人。例如，《语言测试》这部著作的主编是邹申，而书中的各个章节都有具体的责任人（邹申，1-3章，11章；席仲恩，4-8章；党争胜，9章；刘芹，10章；徐永，12章；海芳，13章；刘宝权，14章）。假如参考的内容是该书的第3章，则主要责任人应为海芳，邹申为编辑。该析出文献在参考文献单中的具体著录方式可以是：

[Hai, F.]海芳.（2005）. 翻译测试[Testing translation]. In邹申（Ed. ），《语言测试》[Language testing]（pp. 390-420）. 上海，中国：上海外语教育出版社.

（3）时间

就出版时间而言，在中国出版的定期刊物和国际惯例基本一致，所以时间项的著录不会有问题。但是，在中国出版的学术书籍和以美国为首的国际惯例很不一致，关于时间项的著录应特别注意，一定要著录该书籍该版本第一次印刷的年份，而不是最近一次印刷的年份。

（4）题名

根据APA格式要求，英文以外语言的题名，一定要翻译成英语，而且译文要置于原文题名之后的方括号之中。翻译成英文为的是让更多的不懂得英语以外语言的读者通过题名初步判断文献和自己研究的关联性，从而决定是否有必要查阅该文献。把译文放在括号里面，意思是这是题名的意思，而不一定是题名的严格英语翻译。

目前，在中国大陆出版的很多用汉语撰写的学术作品除了有汉语题名之外，还有相应的英语题名。对于这类作品，译者有两种选择。一种是使用原作上提供的英语题名；另一种是译者自己翻译，把原作上提供的英语题名仅作为参考。我的建议是：如果原作上的英语题名过得去就尽量使用；如果原作上的英语题名存在明显的甚至是严重的语言错误，译者就最好参考原作上的英语题名重新翻译，甚至不参考原作上的英语题名而独立翻译。

对于汉语以外非英语语言作品的题名，翻译时最好先了解原作是否已经有对应的英语题名。如果有就尽量使用；如果没有，翻译时最好能和原作者取得联系，征询一下原作者的意见或建议。

六、结束语

学术文献的翻译是全部翻译工作中最严肃的翻译工作，因为它涉及人类的永恒的共同利益。学术文献的引文规范是学术著作的“语法”内容之一，而且是比较刚性的语法，虽然和传统的语法相比，它更为开放，更为动态，也更具普遍性。因此，对于学术翻译工作者，我们不仅要熟悉传统的较为柔性的语法，还必须熟悉一两种常用的较为刚性的学术著述规范。不然，我们辛辛苦苦翻译出来的学术著作，就会因为不符合刚性的学术规范而被目的语读者误读，或者，因为不符合刚性的学术规范而被目的出版者或期刊推迟发表甚至拒绝发表。为了避免其中任何一种情况的发生，我们就得扩充我们的素养或技能范围。虽然APA格式仅仅是众多引文体例中的一种，但是，由于它的使用范围比较广泛，我们不妨先从熟悉APA格式做起，然后再逐渐学习其他引文体例。

APA格式只是我们学习学术著述规范的起点，但绝不是终点！我以APA格式为例讨论社会科学文献英译中的引用规范问题，不是因为APA格式最为全面和权威，而是因为我对这套规范最熟悉，所以讨论问题时最为方便。虽然学术著述规范的内容非常丰富，但学起来和用起来都很容易。所需要的，只是我们的耐心和细心。

参考文献

［中央编译出版社格式］

[1] American Psychological Association, *Publication Manual of the American Psychological Association*（6th ed. ），Washington, DC: American Psychological Association, 2010.

[2] Modern Language Association of America, *MLA Style Manual and Guide to Scholarly Publishing*（3rd ed. ），New York, NY: Modern Language Association of America, 2008.

[3] University of Chicago Press, *The Chicago Manual of Style*（16th ed. ），Chicago, IL: University of Chicago Press, 2010.

[4] 〔美〕美国心理协会：《APA 格式：国际社会科学学术写作规范手册》（第 6 版），席仲恩译，重庆大学出版社 2011 年版。

[5] 沈弘：《译者序》，见约瑟夫・吉鲍尔迪：《MLA 文体手册和学术出版指南》，沈弘、何姝译，北京大学出版社 2002 年版，pp. i–iv.

[6] 席仲恩：《译者前言》，见美国心理协会：《APA 格式：国际社会科学学术写作规范手册》（第 6 版），席仲恩译，重庆大学出版社，2011 年版 pp. i–iv.

中国人的语言认知与“望文生义”*

宁德师范学院外语系　张传彪、龚帆元

【摘　要】“望文生义”乃中国人学习汉语之认知常态，但却不宜移用到英语学习中。作为一种表义符号，汉字是中国文化“比类取象”思维的产物，具有表现力强、意象丰富、适于意合的特点。“望文生义”与汉字汉语之间存在着一种与生俱来且天经地义的内在联系。

【关键词】望文生义　象形文字　意合　英汉翻译

一、前言

学习英语的中国人对英语单词blue grass肯定无师自通——不就是“蓝色的草”？至于到底是不是蓝色的草，天底下有没有蓝色的草，那是第二步的考虑。理由很简单，“望文生义”乃是中国人与生俱来的认知本领。本文作者曾做过一个实验，请大一新生立刻说出如下三个英语单词的意思：bluegrass、sweetbread、gunship，结果不出所料，90%以上的受试者都异口同声：蓝色的草、甜面包、炮舰。

全错！以bluegrass为例，其本义是“一种用吉他和小提琴等演奏的音乐”，跟“蓝色的草”风马牛不相干。能够把一个英语单词中的字母随意组合加以理解，中国人“望文生义”的认知悟性可见一斑。其实这并不奇怪。韩愈《陆浑山火》中有这样两行名句：

---

* 本文中的“望文生义”乃是对传统释义的颠覆，故译法与众不同。

本文系宁德师范学院2012年校级重点科研项目的系列论文之一，项目编号：〖宁师〗2012002。

鸦鸱雕鹰雉鹄鹍，犸㲋猥熝孰飞奔。

能够正确读出以上所有汉字，并知道其确切意思的中国人百中无一。但是，透过琢磨每个汉字的构造而大体上知道这段话的意思者却不少。面对文中极富暗示性和喻指性的“象形”、“指事”、“会意”字，这两句话所描绘的大致意境早已在中国人“望文生义”的过程中若隐若现、呼之欲出了。笔者的问题是，造成中国学生望文生义认知定式的成因何在？

二、“望文生义”源于汉字的本质属性

东汉文字学家许慎在《说文解字·序》中提到：“仓颉之初作书，盖依类象形，故谓之文。”而“文者，物象之本也”。这里的“文”指的是经过象形（或象征）的抽象过程的文字图像。而“望文生义”中的“文”，是不是也可作如是观？答案应该是肯定的。那么，对这种“文”的望而生义也就无可非议了。刘勰在《文心雕龙》中写道，“文之为德也大矣，与天地并生者何哉？夫玄黄色杂，方圆体分，日月叠璧，以垂丽天之象；山川焕绮，以铺理地之形：此盖道之文也。”这段话中的“文”，也不是指“文章”或“词句”，而是指人对客观世界认知以后形成的概念。然而遗憾的是，《现代汉语词典》对“望文生义”的定义却是：“不懂某一词句的正确意思，只从字面上去附会，作出错误的解释。”（p. 1411）此解可以说从根本上忽略了汉字图像性、会意性、联想性对视觉感悟的影响，忽略了汉字汉语的本质属性，明显无视中国人学习汉字汉语的普遍规律，可谓义不副实。

学过汉语的人大凡都有这样的经验：有些字词你可能相当陌生，也不知道其准确发音，但通过“望文”却能够“生义”，而且所生之“义”在许多情况下相当靠谱。请问，这样的“望文生义”又该如何解释呢？一则灯谜上有这样一幅对联：“狌猔狒猢哭，魑魅魍魉笑”。通识这10个汉字的中国人恐怕无多，但透过望文生义，大体知道它们意思者却不少。原因无他，中国人早已具备“蔽芾葱茏，恍逢丰木，鳟鲂鳗鲤，如见多鱼”（鲁迅，1981）的类推习惯，上述这一系列同义符字已经足够让我们联想到与之相关的一个个隐约意象来。要知道，象形表意的汉字天生就是诉诸视觉而非听觉的文字符号。换句话说，“望文生义”是汉语母语者与生俱来的认知本能。文字自身的形体能

够与诗、词、文、赋的意象相互交融、互为映衬，这便是象形汉字的独具魅力！辜正坤（2003）在谈到汉字的图画视像特点时就曾指出："汉字笔形结构时时刻刻把我们的想象拉近现实世界，使我们心中浑然不觉地产生物我交融的境界。"当我们读到"波涛汹涌，风云开阖"，"浩浩荡荡，横无际涯"时，我们就仿佛看到了那水浪滔天的景象。

汉语组词构句造文的基本方略是："夫人之立言，因字而生句，因句而成章，积章而成篇，（……）句之精英，字不妄也。"（刘勰，《文心雕龙》）刘大櫆在《论文偶记》中也指出："积字成句，积句成章，积章成篇。合而读之，音节见矣；歌而咏之，神气出矣。"从中可以看出，汉语组词构句造文的关键不是靠语法，而是靠意合思维下"积字"、"积句"、"积章"而成。在"合而读之"、"歌而咏之"的过程中，汉字汉语留给解读者（也包括书写者）的自由把握空间要远远大于西方拼音文字。而这样一种把握，离开了对汉字字形和字词搭配的观察、审视和心理运思，行吗？

以习近平在十八大记者招待会上的一句俗语"打铁还需自身硬"为例，虽然中国人对这句汉语的口头禅耳熟能详，可要真正较起真来，理解还是不免仁者见仁智者见智。为什么？对这句话的"望文"不同，所生之义自然也不一样。现场译员译为：To be turned into iron, the metal itself must be strong. 英国BBC也基本照搬了这个译法：The metal itself must be hard to be turned into iron. 另有一些西方媒体则基于各自的理解，分别译成To forge iron, you need a strong hammer（英国《每日电讯报》）；To forge iron, one must be strong（美国《纽约时报》）等等。而新华社事后播发的官方英文版本则干脆绕开"打铁"这个喻体，整句话意译为：To address these problems, we must first of all conduct ourselves honorably.

上述情形之所以会出现，原因就在于汉字汉语的行文靠的是意会组合，对它们的理解也同样离不开望文与意会。试问，该句中的"自身"二字指什么？"铁"自身？"铁锤"自身？"人"自身？还是别的？从不同的视角观之，所有这些都说得通，也都能让英汉语读者明白，只是理解的角度不同而已。这便是汉语望文生义属性所带来的后果！

三、汉语认知从来不排斥“望文生义”

《现代汉语词典》对成语“一失足成千古恨”的释义是：“一旦堕落或犯了严重错误，就成为终身的恨事。”（p. 1598）可是想过没有，如果读者偏偏把它理解为“一次失误，足成千古恨”（“一失/ 足成千古恨”），又有何不可呢？据最新考证，被国人传诵千年的“子曰：兴于诗，立于礼，成于乐。民可使由之，不可使知之”，其实是曲解了孔老夫子的原意，此言更合乎情理的解读应该是：“子曰：兴于诗，立于礼，成于乐。民可，使由之，不可，使知之。”这样一来，意思就截然不同了。顺便说一句，中国古人的不少话语后人之所以聚讼不休，其因盖出于古人不用标点，断句全凭领悟。各人的“望文”不同，所生之“义”自然有异。而几千年来，中国古人就是靠着这种“望文生义”一路走来的。

汉语成语“每况愈下”其实是“每下愈况”的讹误写法。而“每下愈况”的原初本意是“越往最底下的部分去推求，就越能弄清真相”，可谁也没有想到，随着后人的望文生义，该成语的意思居然变成了今天的“情况愈往下愈严重”。唐诗“忽如一夜春风来，千树万树梨花开”，其实当初是用来描写边塞风雪的，后来却被人移花接木，转意成了东风送暖梨花盛开的阳春美景，而汉语读者竟然个个乐观其成。说穿了，古往今来，中国人对待成语、对待典故，总是“望文生义”者众，追本溯源者寡。更何况，汉语字词原本就是靠着粘合、靠着意会来构词成句的。只要意思清楚、事理逻辑关系成立，汉语书写者大可堂而皇之造句行文，汉语阅读者也大可依据自己的悟性解读之，而这种默契已经延续了数千年。在这个过程中，“望文生义”早已成为汉语母语者心照不宣的认知惯例。

在汉字语境下，“望文生义”是一种客观存在的语言认知现实。它虽有“不懂某一词句的正确意思，只从字面上去附会”的人为贬抑之义，更有通过观察和领悟推测汉字汉语意含的合理本义。鲁迅先生有语云：“今之文字，形声转多，而察其缔构，什九以形象为本柢，诵习一字，当识形音义三：口诵耳闻其音，目察其形，心通其义，三识并用，一字之功乃全。”（同上）纵观当今天下，文字而能此番识认者，舍汉字无他！所以，中国人凭借“望文”（不必借助音读）而“生义”丝毫不足为奇。而印欧语者面对一个无法拼读的单词或句子，是绝对无法识其“文”而知其“义”的，无论怎么“望”都无济于事。

傅仲选先生曾指出：“语言作为具备音形外壳的符号，是可感的，直观性很强并可模仿……，而且这种直观和模仿并不限于感性形式的外壳，而是连同语言的思想内容，包括情感风格。”（傅仲选，1993）傅先生这里所说的语言的直观性、可感性，其实正是汉字的图画视像特点。

汉字认知离不开“望文生义”，这早已是不争的事实。许慎的《说文解字》洋洋千言，居然不释字义只析字形，或曰通过字形释字义，便是最好证明。汉字源于古代华夏先民的原始图画，这种象形属性让汉民族语言思维的直观表象得到了极大的保留。在很多情况下，一个汉字往往就是留存在汉族先民心中的某个原始表象，比如“耻”字、“脊”字、“家”字。李丛芹先生也指出，“汉字并不是忠实地记录语言，而是与思维直接联系的独立的表意系统，即汉字与概念直接发生关系”（李丛芹，2007）。与西方表音文字不同，从文字直达概念的汉字中看不出语音的真正面貌，但却富含造字的理据，所谓“三人曰‘众’”，所谓“‘法’从水，平之如水，去不直”，等等。这就为汉语读者的理解和想象创造了极大的施展空间，而这个空间毫无疑问只能建立在“望文生义”的基础之上。正由于汉字的理据性传承于华夏先民的具象思维，其对汉民族的思维方式、表达方式、语言认知方式的影响是根深蒂固的，也是永恒不变的。可以说，中国人在汉字汉语诞生之初，就已经与其达成了“望文生义”的万古默契，只要仓颉的灵感不灭，象形的汉字尚在，这份默契就当永世长存！

鉴于汉字的极端视觉依赖性，人们很难在这个世界上找到另一种像汉字那样音译必定纠结字义的文字。试想，一位名叫Melanie的“世界小姐”，其芳名译成“玫兰妮”、“霉烂泥”、“没阑你”……，该女子在汉语读者心目中的形貌联想会是一样的吗？可它们在读音上却并无二致，也完全符合汉字音译以字音为准的惯例。再看美国城市Atlanta，它的汉译如果改回到傅东华先生译《飘》时的“饿狼坨”，中国人对举办过奥运会的亚特兰大的记忆还会依然如故吗？Budweiser是享誉欧美的名牌啤酒，在中国也颇负盛名。假若当初

Budweiser不是译成“百威啤酒”，而是“败胃啤酒”，阁下您还敢喝吗？

由于汉字汉语具有极强的理据性和分析性，汉语语言思维一方面能够充分发挥具象功能，一方面又能把大千世界的复杂形态分析成一个个音义全息的发散性基本粒子。可以说，象形汉字“形”、“义”关系的恒定性与“音”、“形”关系的松散性，正是导致汉语称名音译“义溢出”的根本原因。

其实，中国人何止只是对文字本身“望文生义”呢？就连跟“文”毫不相干的阿拉伯数字“8”与“4”，仅仅因为其读音让人联想到汉字的“发”与“死”，结果一个无端受宠，身价百倍，一个莫名蒙冤，倍受嫌弃。能够从大致相似的读音中悟出“文”来，生出“义”来，“无”中且能生“有”，面对形义兼备的书写汉字，望文生义又何足道哉？

四、“望文生义”与中国学生误译趋同

“望文生义”的前提是形、义联想和视觉感悟，而汉语恰恰是以书写象征意义的语言。由于象形汉字建立在形、义联想和视觉感悟之上，所以它属于特别契合“目治”的意义符号。诚如申小龙所言，汉字之有别于拼音文字，根本的一点在于“汉字的音化是在意化的框架内进行的。”（申小龙，2004）可以说，对“望文生义”的贬抑性定义，其实是以西方文字形音义关系理论作为参照而导致的结论错位。

由于西方文字的表音性特点，单纯的“望文”是不会“生义”的，一定得通过“语音”这个中介。而拼音文字的书写是一种抽象的音、形组合。抽掉了语音实质，字形与概念之间就失去了联系。汉语则不同。作为表意文字，一个汉字的书写形式并不表音值，而是直接表示那个字所指的概念。比如“鞋”字，中国各地操不同方言的人对它所发的音各不相同，“鞋”字所代表的概念却没有两样。而英语则不同。就以前面提到的bluegrass来说，其概念所指是通过它的读音/ˋblugras/来获得的。可对于学习英语的中国人，情况就不是这样了。中国学生可以轻而易举地从bluegrass的字形中悟出义来：blue（蓝色的）+grass（草）=bluegrass（蓝色的草）。

《汉英误译精解》（张传彪，缪敏：2011）一书列举了如下来两个误译句例，有趣的是许多接受试验的学生们给出的答案竟然如出一辙，请看例：

◇She always sleeps very late.

她总是睡得很晚。

◇Believe it or not, he has a fat chance of success.

信不信由你，他成功的机会很大。

为什么会出现如此趋同的理解失误呢？原因就在于，中国学生看到She always sleeps very late，便会情不自禁地遁入汉语母语的惯性思维：She→“她”，always→“总是”，sleeps→“睡”，very late→“很晚”，对号入座的结果不言而喻。至于另外一句，情形也大同小异。有趣的是，第二句中的a fat chance（机会渺茫）如果换成了a slim chance，误译马上就会消除。殊不知，a slim chance跟a fat chance的意思一模一样。这到底说明了什么？“fat”的本义是“肥胖、肥大”，而“slim”的本义是“纤细、苗条”，“望文”之下的a slim chance自然与a fat chance相反了。

以上两句英文的正确汉译分别是：她总是起得很晚（她总是睡懒觉）。/信不信由你，他成功的机会渺茫。

五、“望文生义”是汉民族语言思维的无形推手

中国人掌握汉语的重要手段之一是“语言直觉感应所形成的句法语感”（刘宓庆语），这也是中国人潜意识外语认知的一条重要路径。而这种“句法语感”说穿了就是“望文生义”的直觉反应！另一方面，汉语的一大特点是以意驭形；换言之，汉语的字与词、词与句乃至句与句之间主要是靠意义上的关联来“粘合”，而非靠词法、句法之类的刚性规则。徐通锵先生提出的“字本位”理论就认为，汉语语法实质上是语义性的，而这种语义性特点是由汉字“一个形体、一个音节、一个概念”的结构性质所决定的。（徐通锵，1998：126）正因为汉字汉语的语义性特征，汉语中的许多表达在顺序上可以随意组合，却都能被接受。以“他不怕辣”为例，可以随意改成“他辣不怕”、“不辣他怕”、“他怕不辣”、“辣他不怕”，……意思几乎不变。而这在重形态结构、重逻辑分析的西方语言看来，绝对是海外奇谈！

上述这种随心所欲的组词构句，无疑说明了汉语是一种重内省、重具象、重悟性、轻结构、轻逻辑的语言，一句话，汉语的组词构句讲究的是语义，而

不是语法或逻辑关系。浸淫于这样一种倚重视觉、倚重感悟、以意驭形的语言环境中，“望文生义”绝对不是一个对不对，或要得要不得的语言认知现象，而是一个原本就客观存在的语言事实。

讨论至此,对“望文生义”的传统定义,是耶？非耶？还用得着争辩吗？如果答案是否定的，那么“望文生义”的英文翻译，是该延续《汉英大辞典》的“take the words too literary”？还是改成understanding through intertextual association? 相信读者自有公论。

参考文献

[1] 申小龙:《汉语与中国文化》，上海复旦大学出版社 2004 年版，第 403、212 页。
[2] 鲁迅:《自文字至文章》，见《鲁迅全集》(9)，人民文学出版社 1981 年版，第 344 页。
[3] 刘宓庆:《新编当代翻译理论》，中国对外翻译出版公司 2005 年版，第 148 页。
[4] 辜正坤:《中西诗比较鉴赏与翻译理论》，北京大学出版社 2003 年版，第 14 页。
[5] 傅仲选:《实用翻译美学》，上海外语教育出版社 1993 年版，第 131 页。
[6] 徐通锵:《语言论》，东北师范大学出版社 1998 年版，第 126 页。
[7] 张传彪、缪敏:《汉英误译经典例析 1000》，上海译文出版社 2009 年版，第 81~217 页。
[8] Role of Cognition in the Study of Chinese.

企业对外宣传资料翻译中的法律意识*

北京信息科技大学　赵玉华、李淑琴

【摘　要】企业对外宣传资料的翻译具有跨学科性。随着企业对外宣传资料翻译的重要性日益突出和中国法治化程度的提高，从事企业对外宣传资料翻译的工作者不仅应具有较强的双语能力和翻译功底、良好的跨文化意识和以读者为中心的观念，还应当增强法律意识，掌握必要法律知识，明了企业对外宣传资料及其翻译在法律上的性质和可能引起的法律后果，这有利于提高译本的质量，助力企业实施国际战略。

【关键词】外宣资料　法律意识　翻译方法

一、引言

随着全球经济一体化的飞速发展，企业对外宣传资料的翻译在对外贸易活动中起着越来越重要的作用。企业对外宣传材料的翻译是通过介绍企业产品/服务的情况，向国外客户/消费者传达商品或服务信息，提高知名度，宣传企业形象，以达到引起国外客户业务意向或消费者购买意向的目的，其目的明确、功能性强。企业对外宣传资料主要包括企业基本情况介绍、产品说明、广告宣传等，对其的翻译则涉及企业商标的翻译、企业名称的翻译、其他声影的录像资料、企业宣传网站、各种宣传手册和广告的翻译。

作为一种实用文体翻译，企业对外宣传资料翻译实践中出现的问题很多，除了拼音和文法错误之外，还有许多问题，如由于选词、用词不当，使人费解、误解以至引起纠纷，给企业带来不必要的麻烦和损失。造成这一结

* 本文获北京市教委社科面上项目资助，项目编号：SM201110772007。

果的原因是多方面的：中英两种语言所承载、依附的文化之间存在着巨大差异，不同的政治观点、宗教信仰、民族心理、传统习惯也使中英两种语言在诉求方式和表达形式上有很大不同，而一些负责企业对外宣传工作的人又缺乏内外有别的观念，把对国内使用的稿子直接翻译出来对外使用，加之一般英语受众对中国及其文化的了解相当有限，甚至一无所知，还有译员对企业外宣材料及其翻译中涉及的法律了解较少，从事相关翻译时法律意识淡薄等等。

作为一个逐利的市场经营主体开拓国际市场、参与国际竞争，企业的市场主体性质使得企业的行为直接与经济利益挂钩，企业的行为都受到市场竞争和国家法律的制约。企业对外宣传资料及翻译也要受到相关法律的制约。企业对外宣传资料的翻译有些还要符合目标语国家法律和国际法的规定，不当的翻译直接影响着对外宣传的效果和企业的利益，甚至是企业所属国家的形象和利益。企业和译员如果忽视对目标语国家法律规定和相关国际法律法规的重视，就可能要承担经济上甚至更严重的代价。因此，企业外宣翻译的译者（和企业）应当具有法律意识。

法律意识一般是指人们对于法（特别是现行法）和有关法律现象的观点、知识和心理态度的总称。法律意识是一种观念的法律文化。它表现为对现行法律的评价和解释，人们的法律动机（法律要求），对自己权利、义务的认识（法律感），对法、法律制度了解、掌握、运用的程度（法律知识），以及对行为是否合法的评价等。具体到本文中法律意识是指从事企业对外宣传资料翻译的工作者了解和掌握必要的法律知识、了解企业对外宣传资料翻译中可能遇到的法律问题和可能引起的法律后果（包括法律上负面的评价），从而在工作中避免出现不必要的法律问题。下面主要从商标法、公司法、合同法和广告法的角度探讨在进行企业商标、企业名称、企业价目表、商业广告翻译时应注意的法律问题和具备法律意识。

二、商标法律意识

商标如同人的名字，是代表商品的符号，并随着商品交流的扩大而声名远扬。许多国际著名的商标已经成为企业的无形资产和巨大财富。在国际商品贸易不断增长的今天，越来越多的中国品牌走出国门参与国际市场的竞争，商标英译的重要性越发凸显。与此同时商标英译是一个跨学科的复杂性问题，它与企业的长期发展规划、国内外行业发展现状、产品营销策略、法律法规的限制等因素都息息相关。作为企业对外宣传资料翻译的译员在进行商标翻译时，不仅要有较强的双语语言功底、文化差异意识，了解英汉两种语言在不同文化背景中指称意义、联想意义、语用意义不同，还需要了解一些商标法的基本知识。

商标保护具有地域性，一国国内的商标原则上必须在另一国注册才能获得保护（除驰名商标或国际条约、协定另有约定外）。因此，商标的译文应当符合译入语国家商标法的规定，才能确保商标译文在该国顺利注册，并获得法律保护。

一般各国商标法都规定，商标的文字不得对商品的性质、质量、作用、原料等有叙述性。如Citizen牌手表在香港的原译名为“稀奇准”，“稀、奇、准”三个字构成对手表这种商品的作用的直接描述。该译名在申请注册时被驳回，后改译为“西铁城”方获准注册。（李淑琴，马会娟：2000）由于历史的原因，在我国有许多注册的商标与上述规定相违背。例如：永久牌自行车，“金杯”足球等。如果将他们用英文直接翻译出来，在国外申请商标注册时，很容易遭到批驳。

另外，各国商标法也有类似规定，商标不得破坏公序良俗，不得带有歧视性，否则不予注册。如商标OPIUM香水的发明者圣罗兰1977年曾来过中国，他从中国鼻烟壶的造型得到灵感，创造了OPIUM牌香水。此商标的中文意思是“鸦片”，“鸦片”一词在中国除具有毒品名称的含义外，更多的是使人联想到导致近代中国走向没落耻辱的“鸦片战争”，以“鸦片”作为商标并广泛宣传，无论从任何一种意义上讲都会产生不良社会影响。因此，该香水在中国刚一上市就受到消费者的猛烈抨击，并最终因违反中国的商标法而被禁止销售。而“黑人牙膏”的英译名Darkie（黑人）改为Darlie（亲爱的人）不仅是考虑到西方人对黑人可能引起的不愉快联想，而且还因为Darkie一词有种族歧视之嫌。依据商标法的有关规定，带有民族歧视的商标词不予注册。（李淑琴，马会娟：2000）

其次，申请注册的商标不得与在先已经申请的商标相同或近似，并足以造成混淆。企业在进行商标翻译并申请注册时如果不注重查阅该国的商标目录登记等资料也可能造成商标注册的延误等，给企业带来损失。例如，联想公司因其原商标Legend在国外已被人注册，其国际推广大受影响，后不得不换成Lenovo。

再次，对于商标中用词的含义及义项的选择是按照商标源语国企业的理解还是目标译入国的通常理解，亦或是按照商标所使用的语言在语用范畴上的理解，在这方面没有统一的规定。如果是发生在商标在他国申请注册，则有待该国商标评审有权机构的认定。对于商标含义的理解也可能涉及仲裁、诉讼等法律程序。如美国的一个牛仔品牌True Religion Jeans, 因中方商标评审委员会将其理解为“真实信仰”，认为该表述对宗教信仰有区别对待之嫌，即宗教信仰歧视，而拒绝了该商标在中国的注册申请，但美方认为religion在此的意思是influence、interest（影响，兴趣），目前该案还在仲裁。

在商标的国际保护领域，主要的国际条约和协定有《保护工业产权巴黎公约》、《马德里协定》、《马德里议定书》和《与贸易有关的知识产权协议》（英文缩写TRIPS）。中国均已加入。在进行商标中译外时，如果有特定的译入国，并且译入国也是上述条约的成员国，就可以享受到国民待遇、最惠国待遇和优先权等一些权利。如《巴黎公约》就商标方面规定了如下共同规则：（1）已注册商标在其他同盟成员国享受与商标原籍国同等保护规则；（2）驰名商标的特殊保护。根据公约规定，凡复制、模仿或者翻译一个被国家主管当局认为已属于有权享有本公约利益的人所有的该国驰名商标，每一成员国均须拒绝给予注册并禁止使用；（3）平行进口的商标的法律管制措施。对于未经商标权人的许可，向其享有商标专有使用权的国家进口侵权产品的平行进口行为，《巴黎公约》规定成员国应在边境对输入该国侵权产品予以扣押或者禁止进出口，或者在国内扣押，具体采取哪一种措施，则由各成员国的国内法决定。如果某一国的法律尚未规定或者不准采取以上措施，则在该国法律作出相应修订之前，应将这项措施代以依该国法律对本国国民应采取的制裁措施。

三、公司法律意识

公司法律意识是主要指译员在翻译公司名称和公司对外宣传文书和文件前，首先要弄清楚公司的法律性质，是有限责任还是无限责任，是否具有独立的法人地位，是否对外独立承担责任。公司名称翻译的法律问题主要涉及到“公司”的翻译和分公司、总公司的翻译。做好相关翻译要求译员应当了解公司法的一些知识，具有法律意识。

我国现行的公司法规定，公司形式分为有限责任公司和股份有限公司两种，并且公司名称中必须标注“有限责任”或“股份有限”字样。有限责任公司，股东以其出资额为限对公司承担责任，公司以其全部资产对公司的债务承担责任。股份有限公司，其全部资本分为等额股份，股东以其所持股份为限对公司承担责任，公司以其全部资产对公司的债务承担责任。由此可见，有限责任公司与股份有限公司最主要的共同点是：股东对公司债务承担的责任都是有限的，都仅限于个人的出资额。股份有限公司区别于有限责任公司的特点包括：公司资本筹集的公开性（向社会公开发行股票的形式），股东出资的股份性，公司股票的流通性等。有限责任公司更突出人和性，出资人相对固定有限。虽然股份有限公司与有限责任公司有其共同点，但是两者毕竟是有严格界线的。那么，英译这两类公司的名称时也应注意其区分。

实践中我国的这两类公司名称被英译后往往失去本来面目，导致泾渭不分。有些译者把有限责任公司和股份有限公司均译成“□Co. , Ltd. ”。如早在上海证交所挂牌上市的上海石化股份有限公司的英译名就是Shanghai Petrol Chemical Co. , Ltd.． 而国内几乎所有的有限责任公司的英译名，都被译成“Co. , Ltd. ”。也有使用Incorporated, incorporation, company, firm, business用于“公司”名称的翻译。如此，不可避免地造成了公司名称英译的混乱。

“公司”译名需要规范化，专业术语的译名应当有统一参照的标准。宋雷（1994）、刘季春（1997）、杨全红（1998）等学者都有过论述。主流观点是：（1）对于我国公司法确认的有限责任公司，均统一采用“□Co. , Ltd”或“□Ltd. ”的表示法译出。Co. 与Ltd. 之间应用逗号隔开。Co是Company的缩写，Ltd是Limited的缩写。（2） 对于我国公司法所称的股份有限公司，借用英国的习惯做法，均统一采用“□PLC”或“□plc”译出。PLC为public limited company之略，用大写形式PLC或小写形式plc均可，其前无需加逗号。(3) 采用Inc. 或Corp. 译有关公司名称时，宜谨慎为之。原则上应不提倡借用这两种美国式表示法来译我国的股份有限公司，除非特殊情况。

另外，根据公司法理论，总公司对应着分公司，母公司是相对于子公司而言的。即总公司往往具有独立的法人地位，而分公司通常不具有，子公司是一个具有独立法人地位的公司。因此，如果用不同的词来表示分公司，总公司的“总”字自然也就可省译了。在英语中，分公司常用branch, office, division, affiliate来表示。而子公司是另外一个独立的公司，对于子公司的翻译按照其公司名称翻译即可。如果要表明子公司和母公司的关系，即母公司是子公司的控股股东或大股东，在特定语境下用subsidiary表示。

如果译者能够多一些法律意识，在进行中国“公司”名称的翻译时，使外国人能清楚地知道该公司的性质，如公司的规模，公司的隶属关系（是总公司还是分公司），公司的经营或服务范围等，无疑有利于整个国家的企业形象，有利于我国的改革和开放。

四、合同法律意识

企业对外宣传资料翻译工作者的合同法律意识主要是指译者能够区分要约和要约邀请，两者的法律后果是不一样的，要约是合同成立的必要内容，是具有法律效力的意思表示，而要约邀请是希望对方看到后向自己发出要约。要约要求内容具体明确，合同中应当注明的信息都齐备，一经对方承诺合同即成立。我国合同法第十三条：当事人订立合同，采取要约、承诺方式。第十四条：要约是希望和他人订立合同的意思表示，该意思表示应当符合下列规定：（一）内容具体确定；（二）表明经受要约人承诺，要约人即受该意思表示约束。第十五条：要约邀请是希望他人向自己发出要约的意思表示。寄送的价目表、拍卖公告、招标公告、招股说明书、商业广告等为要约邀请。商业广告的内容符合要约规定的，视为要约。

译者了解了要约和要约邀请的区别，就明白要翻译的资料是否是有法律效力的合同内容，措辞和表述就会更加严谨。

五、广告法

我国《广告法》第二条规定，“本法所说的广告，是指商品经营者或者服务提供者承担费用，通过一定的媒介和形式直接或间接地介绍自己所推销的商品或者所提供的服务的商业广告。”第三十八条：违反本法规定，发布虚假广告，欺骗和误导消费者，使购买商品或者接受服务的消费者的合法权益受到损害的，由广告主依法承担民事责任；广告经营者、广告发布者明知或者应知广告虚假仍设计、制作、发布的，应当依法承担连带责任。广告经营者、广告发布者不能提供广告主的真实名称、地址的，应当承担全部民事责任。

在从事企业对外宣传广告翻译时，译者应当对广告内容是否存在虚假、欺骗和误导有一定的认识，以免因虚假广告承担法律责任。

综上，企业对外宣传资料的翻译具有跨学科性。从事企业对外宣传资料翻译的工作者除了应具有较强的双语能力和翻译功底、良好的跨文化意识、和以读者为中心的观念，还应当具有法律意识，了解翻译内容所可能涉及的法律规定，明了企业对外宣传资料及其翻译在法律上的评价及可能引起的法律后果。本文的论述还不够深入，旨在提醒译者注意此问题，提高翻译的质量。

参考文献

[1] 常玉田：《务汉英翻译》，对外经济贸易大学出版社 2010 年版。

[2] 黄友义：《坚持“外宣三贴近”原则，处理好外宣翻译中的难点问题》，载《中国翻译》，2004 年第 6 期。

[3] 李加军：《外宣翻译中的译员文化认知——以跨文化传播中的受众解读效果为视角》，载《江苏大学学报（社会科学版）》，2009 年第 6 期。李淑琴，马会娟：《从符号学看商标词的翻译》，载《上海科技翻译》，2000 年第 4 期。

[4] 李莹：《浅谈全球化背景下外宣翻译者的基本素质》，载《江苏外语教学研究》，2010 年第 1 期。

[5] 刘季春：《实用翻译教程》，中山大学出版社 1996 年版。

[6] 刘季春：《“公司”的英译亟待规范》，载《上海科技翻译》，1997 年第 1 期。

[7] 刘雅峰：《译有所为，译者何为？——文化全球化背景下外宣翻译及其译者研究》，载《山西师大学报》（社会科学版），2008 年第 5 期。宋雷：《也谈“公司”一词的翻译》，载《中国翻译》，1994 年第 5 期。

[8] 杨建生:《"公司"、"有限责任公司"、"股份有限公司"的英译》,载《中国科技翻译》,2001年第1期。

[9] 袁恩恒:《英汉国际贸易与经济管理详解词典》,经济科学出版社1995年版。

[10] 朱爱秀、郑继正:《英美公司名称探析》,载《商业现代化》,2008年第19期。

[11] Nord, Christine. *Translating as a Purposeful Activity: Functionalist Approaches Explained.* Shanghai: Shanghai Foreign Language Education Press, 2001, pp.25-29.

翻译过程中语域对文体功能的制约

天津外国语大学英语学院　王雪莹

【摘　要】话语主体运用不同的语言与修辞功能以体现出各异的语篇，而语旨、语场、语式作为语域要素制约着话语的形式与功能。文章拟从系统功能语言学的视角，剖析语篇三种元功能与语域三项变量，以实证阐释语篇在建构和解构过程中整体与部分的关系，分析不同文本类型的语域变量运行特征及对语篇文体功能的制约，并依据此参数评估翻译过程中的译文语篇在形式、功能与情景是否与原文的语域对等。研究显示，语篇通过语域功能可实现不同的文体风格和功能意义。

【关键词】语域变量　语篇分析　语体选择　翻译过程

一、引言

语言学家认为文本是言语交际的存在形式和载体，语域对语言材料和修辞方式的选择有制约作用，尤其在遣词、构段、修辞、谋篇等方面，这使语域成为表达言语和再现语篇文体的先决条件。对交际者来说，语域由多种情景特征构成，是交际者在某一场合下使用词语、句式、修辞等诸特征的总和，并形成各异的话语或语篇。语篇是语义单位，由词与词组层、小句与句子层、段落与篇章层构成，它们之间不存在着大小高低的关系，而是体现关系，成为结构完整、功能明确的语义统一体（张美芳，2005）。而语域变量在语篇三个层面的表现形式很灵活，小到一个词语、一句话，大到一部作品，都可以构成某个特定情景的语体，因此在言语交际中，语场、语旨和语式作为组成语域的三个重要因素，影响着语篇文本功能，并形成各异的语篇表征，制约着词汇语义、词组搭配意义乃至语篇的逻辑衔接及功能意义。早期的语言学派注重研究文本语言的异同及内部系统转换，随着篇章语言学的发展，语篇分析学派注重语言性质与功能语言学问题的研究方法（李菁， 2009），将目光转向研究语言功能潜势在交际中如何体现，对语域与文体功能之间的研究具有重要指向作用。尤其在系统功能语言学理论中，韩礼德的三种元功能与语域变量呈现出相应的特征：语篇的语场与概念意义相关，语篇的语式与语篇意义关联，语篇的语旨与人际意义相关（司显柱，2007）。鉴于此，语场、语旨、语式跟语言的三个元功能互为关联，语场体现了语言的概念功能，语旨体现了语言的人际功能，而语式是语篇功能的具体体现，从而形成一个立体的语域分析模式。由于在翻译过程中，语篇受语言系统、社会、文化等诸多因素的共同影响，这些因素与语域变量关系更为密切，译文的语域一旦混淆，将会影响交际效果和翻译质量。

二、语域变量概念

语域又称语言变异，是语言随着场合或使用环境的不同而区分的变体。语言使用的场合或环境主要包括四个方面的因素：说话者、受话者、话题和交际方式。豪斯提出的语域分析涉及“语言使用者”和“语言运用”两大因素：一是语言使用者涉及地域、方言、社会阶层和历史年代，二是语言运用的因素包括媒介、参与者、社会角色之间的关系（卫岭，2004），这些因素在语篇中扮演重要角色，影响着文本功能和意义。在语域因素的制约下，语言在形式、功能和情景方面体现出不同的语域特征，如规范程度、言语习惯、关系亲疏等社会因素。从语言使用场合看，情景语境中有三个因素最为重要，即语场（范围）、语旨（基调）和语式（方式），共同影响着语言的使用。语场指正在发生的事情及其性质特点；语旨指交际者及其特点、地位、角色和关系；语式指语言在交际中所起的作用，包括交际渠道和修饰方式，它们是情景语境的重要组成部分，被称为语域变量（register variable）（Hatim and Mason，1990）。英国语言学家韩礼德将语域概念与语言的概念功能、人际功能、语篇功能三个元功能联系起来进行语篇分析。其中，概念功能指用语言来表达对客观世界的认识和感受，人际功能指用语言来表现、建立或维持人际关系，用语言影响别人的行为，语篇功能是元功能的核心，它使语言与语境发生联系（Halliday，1973）。

同时，语域作为一种情景变体，是语境的重要组成部分。情景和语境的变化将引起意义的变化，导致语言的变异，从而成为语域变量运行特征的重要参数（魏纪东，2001）。哈提姆和梅森（1990）在语境分析模式中通过话语主题、参与者及其关系、话语方式等语域因素来考量译者的语言使用和语言特征。它们在词汇、句式和修辞层面呈现出诸多特征，并通过词汇、句式和修辞层面的语域标记反映语篇的概念功能、人际功能和语篇功能。因此，一个语篇的语域变量制约着这个语篇的概念意义、人际意义和功能意义，决定了语言的具体使用，如称谓、语气、措辞方式等，从而形成不同的语篇体裁。读者无论解读何类语篇，都需要把语域作为交际环境来辨析文本语言的形式、内容、情景，这样才能识别出语篇的文体功能的特征和规律。

三、文体的语域标记形态

识别语体时要研究语篇内各个部分具有何种功能，不同组成部分之间有哪些意义上的联系，以及通篇在修辞上有哪些特点（朱永生等，2004）。由于文本中的语域变项影响语篇的文体功能，特定的情景下使用特定的语言，便产生了不同的标记形态。祝酒词中的good health、cheers、bottom up分别作为独立的语篇，虽然都表达了“干杯”的概念意义，但是人际意义和语篇功能的意义却不尽相同，其中的语域标记十分明显。bottom up用词随意性强，表明交际者之间的亲密程度，不适于正式场合中使用；good health用词正式、严谨，体现了交际者之间的距离较为疏远，适于正规庄重的场合；cheers是一般场合下最为适切的通用语。研究表明，言语交际总是发生在一定的情景之中，语言交际者为了迎合不同交际情景的需要，根据特定的场合选择特定的语言形式，出现许多不同语域的语体。因而读者通过对交际者之间的关系（语旨）、交际信息（语场）和交际的话语方式（语式）三个语域变项的分析获得语域功能的信息，来确定语篇的类型和功能。

具体来说，研究文体的语域要素标记形态需要从宏观和微观两个层面探析。基于语场、语旨和语式的表达需要，宏观层面上，文本的话题即是语场，由它构建起语篇的基本思维，并围绕某一主题从而形成语篇的概念意义。在话题展开的过程中，由情感、目标等功能修辞构建起语篇的人际意义，使语旨达到文本所期望的目的。为传达语篇的功能意义，文本的语式则是通过各种修辞，对内容、材料、信息方式进行适当的选择和运用。微观层面上，对语域标记的研究需要从语篇的词汇层、句法层、段落层进行识别，确定词汇语义以及词组搭配，分解和重组句子结构和信息，明晰句子间的逻辑衔接功能及功能意义的（T. Roger，1991）。通常，不同的语篇类型在语言结构与修辞体现出各自特征，映射在篇章的语言词汇、语法结构和衔接机制中，译者在翻译过程中需要对这些标记要素加以分析，如果忽视这些微观语域要素，词语的潜在意义将不易被捕捉。因此，在解读不同文体的语篇形式与功能过程中，译者必须依据宏观层面和微观层面的语域要素的标记，梳理文本中整体与局部的内在关联，明晰语义信息，把握思想内容、叙述方式和文体特征。

由于语篇的文体功能受到语域变量的制约，在翻译过程中译者运用语域标记形态，从宏观维度明确语篇的语场范围、语旨关系，以及语式渠道，了解语篇的写作意图和内容，从微观维度辨析语篇的词汇层、句层、段落层的语域要素，分析语言的运行特征，如词汇、句式和修辞的语域变化规律，语言的概念意义，意义潜势中符合人际功能的词义项，语域特征及其赖以产生的情景语境等等，对译文的语言形式、功能和情景语境进行编码，确定文体的语式风格，使译文和原文语言能在同一情景语境中起相同的作用，以达到语篇功能意义的再现。

四、实证研究

语篇文体功能的体现主要有三类：信息、表情和感染。以信息功能为主导的语篇有新闻类、科技类等，以表情功能为主导的语篇有文学作品，包括小说类、诗歌类，以感染功能为主导的语篇有广告类。下面以这三类语篇类型为实证，研究源语语篇的语域变量特征，并依据此参数对译文与原文在语域功能上的对等予以评估。

（一）信息功能文本

新闻文本属于信息类语篇，以信息的传递为中心，以描写、说明等功能为目标，主要涉及社会、政治、文化生活中各类新闻事件的文章，在语法结构和修辞上，用词规范典雅，句法严谨，层次分明，文章条理清晰，逻辑性强。

原文：在意大利进行国事访问的中国国家主席江泽民与意大利总统会谈。江主席说，现在两国合作的深度和广度不断扩大，双方开展经贸合作的潜力很大。中国政府支持和鼓励中国企业界同意大利同行多来往，使两国的经贸合作更富有成果。

译文：

Chinese President Jiang Zemin, who was paying a state visit to Italy, held a talk with his Italian counterpart. Jiang noted that the two countries enjoyed great potential in economic and trade cooperation, as their cooperation had been continuously deepened and widened. To make it fruitful, Chinese government would support and encourage business exchanges between the two countries, Jiang said.

就宏观层面而言，文本的语场是有关国事访问的报道，属于新闻概念功能，从“国事访问”、“会谈”、“开展经贸合作”等词语概念意义显示出交际环境的严肃性和客观性。从行文中的语态和评价等语域标记反映了交际参与者的关系。从语篇的语式看，全文都是提供信息的陈述句，在表示语气的情态层面，文章采用大量的四字格词语，如“经贸合作”、“不断扩大”、“潜力很大”、“富有成果”体现出政治新闻报道的书面性语体风格。微观层面上，该文本的结构层次分明，三句话语序为因果顺序，信息表达的逻辑严谨，传达的信息可信，所用词语呈现褒义，实现了旨在向读者提供中国领导人进行国事访问的信息。译者根据语域变量的具体标记，捕捉原文的政治思想内容，辨析原文的词语意义，揭示原文的逻辑结构。而原文本中语场、语旨和语式作为语域的三个变项，也制约着译者在译文的用语表达。译文中，词语概念意义的选择、句式结构的选择和语篇的连贯性均受到原文语篇的表征和语域变量的影响。从译文的语域选词方面来说，在翻译“国事访问”、“会谈”时没有使用visit somebody和talk with sb的口语化表达，而是选用pay a visit和hold a talk措辞严谨的书面用语。同时，译文采用隐喻修辞手段选取fruitful一词呼应了原文“富有成果”的语旨基调。在句式方面，译文选择了平实简洁的句式结构，将原文“中国企业界同意大利同行多来往”提炼为business exchanges between the two countries，简洁晓畅，语义中肯，实现了修辞功能目的。在语篇的衔接方面，译文在语式上注重新闻类语篇的衔接性和连贯性，增添了原文中隐含的信息成分Jiang noted和Jiang said，把原文的第二句和第三句的意思连接起来，使译文在语言形式和语义上具有连贯性，从而使译文在语义表达上无论是选词、句式还是语篇层面形成一个完整的有机体，语义清晰、事实确凿、冷静客观，符合政论文语篇风格。如果忽略上述的语域要素，语篇的文体功能将不能予以再现，请对比下面一篇英语新闻报道的译文。

原文：After three championships with the Chicago Bulls, a second gold medal with the U. S. team at the 1992 Olympic, and all the accolades the game can bestow, Jordan felt his motivation slipping away. “I’m at the pinnacle,” he told a thronged press conference. “I just feel I don’t have anything else to prove.”

译文一：芝加哥公牛队获得三次冠军后，乔丹和美国球队在1992年奥运会获得第二枚金牌，并获得篮球所能给予的一切荣誉后，感到他打球的动力在消退。“我已经到了顶点，”他在熙熙攘攘的记者招待会上说，“我觉得我再没什么东西要去证明了。”

译文二：在效力芝加哥公牛队连获三冠，加盟美国队于1992年再获奥运金牌，并囊括篮球运动各项殊荣之后，乔丹觉得自己打球的动力日渐消退。“我已经到了顶点，”他在一次记者云集的新闻发布会上讲道，“觉得自己再没什么东西要去证明了。”

原文语篇谈论的话题、内容以及语言表达形式的特征，与语篇的言语交际特征相互关联，语域标记反映出其为体育新闻。语篇的概念功能、人际功能以及语篇功能由于受到语域功能的制约，语言形式、功能、情景性呈现体育新闻报道的言语交际运行特征。为实现语篇意义的交际目的，译文应按遵循原文的语篇模式，与原文语篇的文体功能对等。相比两译文，译文一没有把握好所译体育新闻语篇的语域标记，无法体现出与源语语篇相同的语言特征和风采，因而画线部分带有强烈的翻译凿痕，未能实现文体功能的对等。译文二选用汉语体育新闻报道中常用的“连获三冠”、“加盟”、“囊括”等词语，使译文语言通顺流畅，反映出该语篇体裁的属性和特征。因此，译者要有意识根据汉语相应语篇体裁的语域变量，采用恰当的语域变量标记再现语篇的功能和意义。

（二）表情功能文本

小说文本属于表情类语篇，语汇丰富，大量使用表情性和描绘性词语，运用蕴涵浓郁文化的口头语、谚语甚至方言，并且调动各种修辞手段，来表达丰富多彩的社会生活。好的译作应该在语符转换中让语言富于张力，兼顾语言信息和文体，才能再现原作的人物、情节与环境。

原文：我生在北京，是老三，上面有两个姐姐，后来又生个弟弟。除了我，他们几个都不漂亮，也不知怎么搞的，我竟长成这模样，简直不像我们吴家的人。咱们是朋友，你可别拿我去现眼。因为我长得漂亮，已经吃了不少亏，当然也沾了便宜；结果搞得我也不明白，像我这么漂亮，到底好还是不好。

译文：I was born in Beijing. I already had two elder sisters and after me a brother was born. None of the others was particularly good-looking. I don't know why I turned out like this. I just don't have the ordinary Wu family looks. We are friends so you must be sure not to show me up. I've already suffered a lot for being pretty. Of course it's been an advantage sometimes too. All in all, I couldn't really say whether it's been a good thing or not.

从语场角度，该语篇反映了小说人物对所描述生活环境的强烈感受，形成一定的概念意义。语篇的语旨比较复杂，既包括作者与读者之间的关系，有包括作品中人物之间的关系。语篇以"我"为第一人称向第二方受事者讲述故事，表达了言语交际参与者之间的社会关系和人际意义。一般来说，小说的语式既有刻板严谨的正式文体，也有十分随意的俚语、方言，而该语篇的语式属于后者。在翻译时，译文应当表现出与原文对等的语域特征，再现原文的概念功能、人际功能、语篇功能。在词语的语域选择上，原文中"现眼"的概念意义是"出丑，丢脸"，但小说的"我"运用方言，使语言变体产生，从而形成语域标记，与该语义相符的英语词组分别有be a disgrace和show me up两种表达，但前者是一种规范的书面用语，使用的语场不符合目前交际者的人际功能意义，为达到与原文一致的语言变体的风格，译文采用了后一种表达，使译文无论从词语的概念功能还是人际功能均表达了原文的语域功能。在句式结构的选择上，“也不知怎么搞的”，表达了“我”对自己相貌的矛盾心态，语法不规范属于白话文，译文运用I don't know why的口语化句式和口语化词汇处理方式再现了原语篇的语式特征。语篇使用的“结果”一词体现出说话者用这种情态语气表达了个人判断和态度，是语旨的具体体现，译文则运用了All in all的英语衔接方式贴近原文的语旨基调。

（三）感染功能文本

语篇总是存在于一定的文化情景之中，由于翻译所涉及的两种语言文化的差异，表现在语篇的结构和修辞上不尽相同，尤其是具有感染功能的广告语篇。

原文：西苑饭店是一座具有国际四星级水准的大型涉外饭店，位于北京三里河路，与进出口谈判大楼、北京图书馆、首都体育馆相毗邻，环境优美，交通便利。饭店共有客房1300余套，房间舒适、宁静，配有全套现代化设施。饭店共设酒吧12个，中餐经营粤、鲁、川、淮阳及穆斯林风味菜肴；西餐主要经营俄式、法式及英式大菜。西苑饭店欢迎您的光临。

译文一：Xiyuan Hotel, a four-star tourist hotel, is located at Sanlihe Road in Beijing, adjacent to Negotiation Building, Beijing Library and Capital Gymnasium. It has an elegant environment and convenient transportation. Xiyuan Hotel boasts 1300 well-equipped guest rooms and suites. There are altogether 12 restaurants and bars. The Chinese restaurants offer Cantonese, Shandong, Sichuan, Huaiyang and Xinjiang Moslem cuisine. The western restaurants feature Russian, French and British dishes. Xiyuan Hotel is looking forward to you presence.

译文二：The four-star Xiyuan Hotel boasts of easy transportation, quiet and elegant environment as well as first class service. Located at Sanlihe Road and adjacent to Negotiation Building, Beijing Library and Capital Gymnasium, Xiyuan Hotel is within your easy reach. . In any of the 1300 guest rooms and suites, you can enjoy the comfort of the modern facilities. The 12 restaurants and bars offer you both Chinese food including Cantonese, Shandong, Sichuan, Huaiyang, Xinjiang Moslem cuisine, and western food featuring Russian, French and British dishes. When in Beijing, make your choice Xiyuan Hotel.

从原文的语域变量分析，饭店简介的语篇中人际功能多为静态的事情，如，“西苑”、“中餐”、“西餐”等具有概念功能的词语。然而此类的英语语篇中句子语旨多以“人”为主题，旨在充分表现友好、热情。认识到英汉广告语篇的区别，将汉语广告翻译成英文时宜按英语广告体裁的行文和措辞特征。相比较两译文的语旨功能，译文一是以第三人称的角度陈述事实信息，未能达到英语广告语篇中互动的人际功能意义。译文二充分考虑了语篇的人际意义，通过对第二人称you的使用，拉近饭店与客人的距离。语篇中文化语境的差异决定了英汉广告语篇中不同的语篇模式和体现形式，在翻译时，译者对原文中概念层面的内容注意保留的同时，对文化差异可采取语域层面的变通，强化英语广告语篇的语场、语旨和语式，以取得类似原文的语篇功能效果。

从以上各例看出，无论语篇是新闻类、文学类还是广告类文本，基调是严肃的还是幽默的，表达方式属于口语体还是书面体，译者都要根据语域变量要素，观察和分析语义分歧，并进行语气置换。原文如果属于严肃的语式风格，译文要唤起严肃的感觉，原文如果属于随便的口语体，译文应该给译文读者以同样的印象，原文如果具有感染功能，译文应该再现同样的语篇功能。

五、结语

上述研究表明，语域变量在不同文本类型所产生的言语运行特征各异，并且制约着语篇类型和文体功能。在实际翻译中，译者在解读原文语篇的过程中要对语域的各项标记进行解码与编码，从宏观和微观两个维度对语域要素进行分析，廓清原文语篇的写作目的、文本内容和表达方式，识别语域在篇章各个层面的标记形态，建立一种语域特征与语篇表征的双模态分析机制，调整语篇整体与局部的关系，使译文语篇的概念功能、人际功能、语篇功能符合原文语篇的语域范畴，在语言形式、功能与情景功能上尽可能与原文语篇的文体功能对等。

参考文献

[1] Hatim and Mason, *Discourse and the Translator*, London: Longman Group Ltd. ,

1990, p. 58.

[2] M. A. K. Halliday, *Explorations in the Functions of Language*, London: Arnold, 1973, p. 90.

[3] T. R. Bell, *Translation and Translating*, New York: Longman Inc. , 1991, p. 9.

[4] 冯庆华：《实用翻译教程》，上海外语教育出版社 1997 年版。

[5] 胡曙中：《英语语篇语言学研究》，上海外语教育出版社 1997 年版。

[6] 李菁：《翻译研究的语用学转向》，上海译文出版社 2009 年版。

[7] 李欣等：《英汉互译研究与实践》，东北大学出版社 2003 年版。

[8] 司显柱：《功能语言学与翻译研究》，北京大学出版社 2007 年版。

[9] 魏纪东：《语用理论应用中的功能分析》，载《海淀走读大学学报》，2001 年第 2 期。

[10] 卫岭：《语域分析：理论与实践》，载《山东外语教学》，2004 年第 2 期。

[11] 朱永生等：《功能语言学导论》，上海外语教育出版社 2004 年版。

[12] 张美芳：《翻译研究的功能途径》上海外语教育出版社 2005 年版。

译者主体性在新闻翻译中的彰显

天津外国语大学英语学院　雷芳

【摘　要】在新闻翻译中，译者发挥着重要作用，译者主体性是客观存在的。本文主要探讨译者主体性在新闻翻译过程中的彰显问题。译者根据目的语新闻的表达习惯及目的语读者的思维方式，能动地选择翻译策略，如增译、省译、重组、替换等，使译文流畅清晰，有效传递信息，从而达到信息交流的目的。

【关键词】译者主体性　新闻翻译　翻译策略

一、引言

在当今信息社会，新闻是大众了解外部世界、与外部世界进行交流的桥梁，同时也是满足人们获取信息需求的重要渠道。要实现新闻向大众传递信息的功能，新闻翻译起着至关重要的作用，直接影响信息能否有效交流。新闻翻译也逐渐引起了学者们的浓厚研究兴趣。目前我国新闻翻译研究在“新闻翻译的理论、翻译批评、翻译原则、翻译方法和书评等诸多方面都有涉猎”（黄勤，26），但对新闻翻译中译者主体性问题研究还不够充分。随着西方翻译研究在20世纪70年代后发生“文化转向”，翻译主体研究得到了关注，译者在翻译过程中的作用也得到一定程度的强调。在新闻翻译中，译者发挥着重要作用，译者主体性是客观存在的。本文主要探讨译者主体性在新闻翻译过程中的彰显问题。

二、译者主体性的内涵

当翻译研究超越语言层面对应的程度，把译本看作是译者审美取向的创造和改写时，必然需要研究译者主体性这样的问题。首先，我们来探究译者主体性的内涵。探讨译者主体性的内涵，要先明确什么是主体性。王玉樑认为，“主体性是主体在对象性活动中本质力量的外化，能动地改造客体、影响客体、控制客体，使客体为主体服务的特性”（1995: 35）。主体性是主体的本质属性，可以在主体的对象性活动中体现出来。主体性是主观能动性。客体根据主体需求，为主体服务。主体根据自身观念、情感、认识来作出判断。确切地说，主体性包括自主性、主动性、创造性及实践改造作用。主体性等同于主体能动性。主体性最突出的特点是主体的能动性。但不能忽略的是，主体作用于客体时，必然也会受客体的制约和限制。事实上，正是由于客体的制约，主体才更会充分发挥其能动性。要充分发挥能动作用，主体要遵循客观规律，受客体的制约。“主体性是能动性与受动性的统一”（王玉樑，1995: 38）。没有能动性，主体的自主性、主动性、创造性、实践改造作用也将不复存在，也就不会有主体性。没有客体制约，能动性会成为盲目的活动，最终会导致能动性活动的失败。主体的目的、能动性和客体制约构成了主体性。

从哲学角度探究主体性的内涵后，我们来探讨什么是译者主体性。译者，作为翻译的主体，在翻译过程中起着至关重要的作用，其任务是使源语文本进入目的语文化中。译者主体性是译者的基本特性，并在翻译活动中得到体现。译者能动地“操纵”源语文本，以实现其翻译目的。译者主体性就是译者的主观能动性。和主体性一样，译者主体性也包括两个特性。一方面，译者可以能动地做选择、做决定；另一方面，译者也要受其他因素的制约，如译者所处时代，当时的文学传统，两种语言的特点，及不同的文化和政治语境等。实际上，翻译研究领域的一些学者已经关注了制约译者主体性的因素。如，勒弗维尔（André Lefevere）在《翻译、改写及对文学名声的操纵》（*Translation, Rewriting, and the Manipulation of Literary Fame*）中提到了赞助人、目的语文化的意识形态和主流诗学都会影响译者主体性的发挥。

根据以上分析，我们可以对“译者主体性”作个界定：“译者主体性是指作为翻译主体的译者在尊重翻译对象的前提下，为实现翻译目的而在翻译活动中表现出的主观能动性，其基本特征是翻译主体自觉的文化意识、人文品格和文化、审美创造性”（查明建，2003: 22）。译者的兴趣、目的、知识、经验和艺术成就等构成其主体性。

三、译者主体性在新闻翻译中的彰显

译者作为翻译的主体，在翻译活动中起到关键的作用。译者决定了译本的质量。在翻译过程中，译者首先要对原作进行解读和阐释，之后，译者完成译本。著名哲学家海德格尔认为，任何阐释者都会嵌入到阐释客体中去，成为阐释客体的一部分。任何阐释总是构成阐释客体本身的一部分。的确，译者只能运用自己的知识去阐释原文。显然，这个过程是主观的，因为译者的主体意识参与其中。

新闻翻译的主要目的是准确传递源语新闻信息，但同时，新闻翻译还应该考虑译语新闻能否被目的语读者接受，译语新闻要符合译语读者阅读习惯及译语新闻写作要求。在新闻翻译过程中，译者的意识形态，目的语文化的主流诗学，以及译者的翻译观等会使译者采用不同的翻译策略、方法及表达方式，从而有效传递源语新闻信息。下面我们通过在新闻翻译过程中经常使用的方法来研究译者主体性的彰显。

（一）增译

中国和英语国家除了语言不同，在政治，经济，文化等诸多方面也存在很大差异。在翻译过程中，译者除了进行语言之间的转换，同时还要解决政治，经济，文化等方面的差异造成的交流障碍。这时往往需要译者发挥其主观能动性，在译文中添加必要的解释或相关背景信息，提高译文的可读性，以达到有效传递信息的目的。

在翻译中国特色短语时，译者往往需要采用增译法。因为虽然随着全球化进程加快，中西文化交流频繁，但西方人对中国的了解还是很有限的，如果只采用直译法翻译这类词语，目的语读者会对译文的理解有困难，甚至产生误解。这就需要添加解释，使目的语读者能清楚地理解源语新闻信息。

例如，原文：“三个代表”

译文：“three represents（the communist party of China，represents the requirement to develop advanced productive forces, an orientation towards advanced culture, and the fundamental interests of the overwhelming majority of the people in China）”

如果译者只是把“三个代表”直译为“three represents”，国外读者会是一头雾水，不明白“三个代表”到底是什么，而如果加上对这三个代表各自含义进行的解释，国外读者就能清楚地理解这个具有中国特色的词语了。

类似的例子还有“希望工程”：“the Hope Project, a project set up to support children from poor families to receive schooling”

而在翻译“‘十一五’规划”时，就需要补充具体年份了：“‘the eleventh Five Year Plan’scheduled from 2006 to 2010”。

目的语读者与源语读者有着不同的文化背景，增添背景信息可以使译文表达更完整，目的语读者能更清楚地理解新闻。

例如，原文：Rice also noted that Clinton would be the third woman among the last four people to be US secretary of state. That fourth occupant of the job, Colin Powell, “was a black man, so white men are trailing pretty badly,” Rice said.

译文：她调侃说，继马德琳·奥尔布赖特和她自己之后，希拉里将成为美国最近10年来4位国务卿中第三名女性，而2001年至2004年任国务卿的科林·鲍威尔“是一名非洲裔男性”，因此“（美国的）白人男性已经落后很远”。

这则新闻提到了美国的四位国务卿，但只说明了其中三位的名字，对于美国人来说，这四位国务卿的名字是耳熟能详的，但对于部分中国读者而言，可能一下子回忆起四位的名字还有困难。因此，译者在译文中把原文未出现名字的奥尔布赖特加上了。这样译文也更加完整。

再看下面的例子，原文：TOKYO, Feb. 4（Xinhua）—U. S. Secretary of State Hillary Clinton will visit Japan on Feb. 16; Kyoto News quoted Japanese government sources as saying on Wednesday.

Japan will be the first leg of her trip to Asian countries, possibly including South Korea and China, as her first overseas trip since assuming office.

译文：

中新网2月4日电 刚刚上任的美国国务卿希拉里·克林顿计划于本月中旬对日本、中国、韩国等东亚各国进行她上任后的首次出访，目前美国正在与相关各国进行日程调整。

据日本方面的分析，刚刚上任不久的希拉里将日本作为她首个出访国家，其目的是为了展现美国将日美同盟关系作为对亚洲外交的一个重要核心而加以重视的姿态。

译文中画线部分是补充的背景信息。强调了希拉里·克林顿是新任命的国务卿，同时，汉语译文也添加了某个日本官员对于克林顿来访的分析，而源语新闻中并没有出现这些内容。中国是克林顿行程中的一站，日本官员的分析可以让中国受众更多了解克林顿此行的意义。

在导语翻译中，也常运用增译的方法。例如，

原文：A Tourist Arrested for Espionage Charges.

译文：一游客涉嫌间谍活动被捕。

原文：Without dissent, the Senate approved on Monday.

译文：美国参议院今天一致通过。

原文：India and Pakistan have expelled each other's diplomats three times this year.

译文：印度和巴基斯坦今年已三次互逐外交官，前两次分别发生在3月和10月。

（二）省译

有时，为了达到有效传递信息的目的，译者需要在翻译过程中发挥主体性，删去不符合目的语文化语言习惯和表达规范的词。

译者在翻译过程中，要注意译文与源语新闻应紧密联系，要呈现目的语读者最想知道的信息，而一些不重要的信息和与目的语读者不相干的部分可以省去不翻译，使译文更加符合目的语读者的阅读习惯。

例如，原文：

"新华网北京9月8日电 应加拿大总督克拉克森和墨西哥总统府克斯的邀请，国家主席胡锦涛8日上午乘专机离开北京，前往上述两国进行国事访问，并出席在纽约举行的联合国成立60周年首脑会议。

“陪同胡锦涛主席访问的有：胡锦涛主席夫人刘永清，国务委员唐家璇，外交部长李肇星，国家发展和改革委员会主任马凯，中央政策研究室主任王沪宁，中央办公厅副主任令计划……”

这则新闻第二段只是在介绍胡锦涛的随行人员，包括每个人的姓名和职位。对于中国读者，及对中国政治进行研究的研究人员来说，是有必要的，但对于目的语读者来说，他们是没有耐心读完这些不熟悉的名字的，这些信息没必要在译文中出现，在译文中依然对应地把每个人的名字一一翻出，只能使译文累赘冗长。译者应该考虑目的语读者的阅读兴趣和习惯。

下面是另一个例子，原文：The White House insisted the meeting's outcome would have no bearing on Bush's pending decision this month on whether to sell advanced destroyers to Taiwan, which China considers a renegade province.

译文：白宫坚称会议结果不会影响布什总统本月即将做出的是否向中国台湾销售先进驱逐舰的决定。

“renegade”在汉语中意思为“叛乱者”或“背叛”。台湾自古就是中国领土不可分割的一部分，如果把原文定语从句部分直译，中国读者会很难接受，这与我国政府的立场也不一致。所以，译者删去整个从句，并且把“台湾”翻译成“中国台湾”。

（三）重组

重组也是新闻翻译中经常采用的方法之一。重组法就是指翻译时脱离原文的结构和语序，按照目的语的思维方式和表达习惯重新组合，使译文更加顺畅，更具可读性，更好地达到信息传播效果。

英汉语思维模式存在差异。在汉语表达中，人们往往会先交代事情的发展过程，然后说明结果，是螺旋型思维模式。而英语表达则相反，人们是先提到结果，然后再论述事件发展过程，是直线性思维模式。

例如，原文：尽管此前有报道称比提将选择剖腹生产，但据一位知情人士介绍，比提在俄勒冈州本德市的一家医院顺产生下女儿。

译文：The birth at a hospital in Bend, Oregon, was natural, according to a source, though earlier reports said that Mr. Beatie planned to have a Caesarean section.

在这句新闻的翻译中，我们要注意调整译文的顺序，以符合西方人的思维习惯。在原文中，先提到以前的报道，然后交代了主要信息，即比提“顺产生下女儿”。而译文中，顺序正好相反，先提到“比提顺产”这一主要信息，再说明其他信息。

有时，译者会把整篇新闻的段落顺序作调整，在译文中，按照目的语读者的思维方式，呈现信息。如果是汉译英，那么在译文中就要先把最重要的信息呈现出来，先点题，再进行分析；如果是英译汉，那么译者就要在译文中把得出的结论放在末尾，前面交代判断或推理的过程。通过重组，译文保持原文的功能不变，同时读起来更流畅，更地道，符合目的语的新闻写作规范。

（四）替换

替换就是用另外一个表达方式来代替原文的表达方式。最常见到的是对时间状语的替换。译者把星期几替换为昨天、今天，或一个具体日期的表达方式，这样可以使译语读者对时间信息了解更清楚。

例如，原文：

…Britain’s defense ministry said Thursday…

译文：……英国国防部今天说……

原文：Foreign ministry spokesman K. C. Singh said a Pakistani official stationed in New Delhi was expelled Friday, adding that an Indian diplomat was on Saturday asked to leave Islamabad.

译文：外交部发言人辛格说，驻新德里的一名巴基斯坦官员18日被驱逐，第二天，负责签证工作的一名印度官员就被要求离开伊斯兰堡。

四、总结

通过上述讨论，可见译者主体性在新闻翻译过程中发挥重要作用，是客观存在的。译者根据目的语新闻的表达习惯及目的语读者的思维方式，能动地选择翻译策略及方法，如增译、省译、重组、替换等，使译文流畅清晰，有效传递信息，从而达到信息交流的目的。

参考文献

[1] 查明建、田雨:《论译者主体性》,载《中国翻译》,2003 年第 1 期。

[2] 王玉樑:《论主体性的基本内涵与特点》,载《天府新论》,1995 年第 6 期。

[3] 黄勤:《我国的新闻翻译研究:现状与展望》,载《上海翻译》,2007 年第 3 期。

[4] 叶颖、张传彪:《论对外新闻翻译中译者的主体性》,载《山西大同大学学报(社会科学版)》,2008 年第 6 期。

[5] A. lefevere, *Translation, Rewriting, and the Manipulation of Literary Fame*, London and New York: Routledge, 1992.

[6] Translator's Subjectivity in News Translation.

从有关翻译的隐喻看翻译的本质

山西省忻州师范学院外语系　石爱伟

【摘　要】隐喻是人类认知和表述世界的一种基本方式，通过研究翻译理论、评论中的隐喻可以更深入地理解翻译。本文不仅将出现在《中国译学理论史稿》中所有隐喻摘出、分类，而且对照现代中外翻译理论，就翻译研究中的主要领域进行了探讨。

【关键词】隐喻　认知翻译

一、缘起

现代翻译研究，视野广阔，切入点众多。大的方面就有语言学派、文化学派、文学学派、科技翻译派，甚至有美学派、人类学派、传播交际学派等。本文对翻译的思考则放在了认知的层面上，因为这个领域有系统的、呈框架的理论似乎并不多见。本文不拟给予一个理论的框架或范式（paradigm），只是通过对前人使用过的有关翻译的隐喻进行梳理，以期帮助读者对翻译产生更形象更深入的了解。

认知研究是现代许多学科领域的研究基础，笔者最近在中国知网（http://lsg. cnki. net/grid20/scdbsearch/cdbIndex. aspx）中以“隐喻与翻译”为关键词进行模糊匹配搜索，仅得56篇。逐一从题目及摘要浏览一过，发现停留在基础阶段的研究仍居多数，有十余篇从认知角度研究，但都没有从我国翻译历史上出现的隐喻出发作全方位的历时性（diachronic）的讨论，这就是笔者动手写这篇文章的缘起，因为从历史角度出发，会给人以自上而下、一脉相承的感觉，而且这样的视角对现代翻译研究亦可提供一些史学上的佐证。那么隐喻和认知是什么关系呢？

二、隐喻与认知

（一）隐喻

隐喻是什么呢？在修辞学家眼里，隐喻就是一种修辞格，是一种修饰话语的手段。逻辑学家则认为，隐喻是一种范畴错置。而在哲学家看来，隐喻性是语言的根本特性，人类语言从根本上来说是隐喻性的。认知科学家则说，隐喻是人类认识事物的一种基本方式。（束定芳，2003: 19）

正如对任何事物定义要涉及其本质一样，对隐喻的定义也可透露出它的本质。对隐喻的定义历来有广义和狭义两种，亚里士多德曾将一切修辞现象称为“隐喻性语言（metaphorical language）”；亚氏认为隐喻和明喻一样，都是一种不同事物间的对比，是一种修饰性的语言使用现象。莱考夫等人对隐喻的概念也比较宽泛，他们把“换喻、提喻（synecdoche）和反语（irony）等都当作了隐喻”。（转引自束定芳，2003: 11）他们认为，隐喻其实不仅仅是一种语言现象，从根本上讲，它是一种认知现象。概而言之，隐喻作为一种思维模式，是人类认识事物、建立概念系统的唯一途径。用莱考夫和特纳（1989: xi）的原话表达，那就是“metaphor allows us to understand ourselves and our world in ways that no other modes of thought can”。

那么我们如何识别隐喻呢？一般而言，隐喻可以通过两种方法来识别。一是通过明确的语言信号，如英语中的to put it metaphorically、to use a metaphor、speaking metaphorically；在汉语中，则如“打个比方”、“这就如同说”等。另一种是根据言语变异的性质，即从逻辑上看，隐喻中涉及的两个主词属于两个不同的范畴。我们通常称此为一种故意的逻辑错误，即“范畴错置”。然而，恰恰就是这种语义规则的违反，才造就隐喻的特殊语言效果，所以隐喻又被人们称作是一种正常语言的偏离。依据以上后一种识别方法作为标准来衡量的话，我们认为，隐喻不只是词，它可以是词组、句子，甚至篇章。从词性角度看，它不仅可以是名词，还可以是形容词、动词、副词、介词。只要形成“范畴错置”，即作隐喻来理解。本文后面举到的例子便是非传统意义上的较为宽泛的隐喻例子。

（二）隐喻的认知性

认知，简而言之，就是人对世界的思想过程和认识能力。符号学家皮尔斯（C. Peirce）区分了记号（icon）的三种情况：形象（image）、图像（diagram）和隐喻。这三者之间的区别主要是根据语言结构与现实世界的相似性度和语言符号的抽象性程度来划分的。形象是完全的相似；图象是结构上的相似；而隐喻是一种平行关系，即通过指出某物与另一物之间的某方面的相似来表达某物。（转引自束定芳，2003: 14）进一步讲，隐喻建立在本体和喻体的相似性基础上，它涉及双重影象。

隐喻的认知性表现在“它无处不在，在我们的语言中、思想中。其实，我们人类的概念系统就是建立在隐喻之上的”。（Lakoff&Johnson, 1980: 1）一般而言，隐喻中的喻体对说话者或听话者来说要比本体更为熟悉。而在两者发生互动反应时，通常是“更为熟悉的事物的特点和结构被影射到相对陌生的事物上，因而喻体可以帮助认识本体的特点和结构”。（转引自束定芳，2003: 17）

（三）隐喻的程度性

隐喻是个连续体，一端是隐喻性极高的新鲜隐喻，另一端是已经失去隐喻性的死喻。格特力（Goatly, 1997: 32）根据隐喻的常规化程度分出以下几种隐喻：死喻（dead metaphor），指的是隐喻义与原义之间已经失去了联系，或已经成为该词的常用意义的一部分；死寂隐喻（dead and buried），指的是一般人已经无法看出词义原来的某种联系的隐喻；非活跃隐喻（inactive metaphor），又可分为沉睡隐喻（sleeping metaphor）和陈旧隐喻（tired metaphor），指那些话题与喻体之间相似性仍可看出，但已经被当作是多义词的那一类隐喻；最后一类是活跃隐喻（active metaphor），指话题随语境而变化，话题与喻体之间没有词汇关系的隐喻。（转引自束定芳，2003: 73-75）大致说来，本文后面将要提到的有关翻译的隐喻，都处在这个连续体上，即既有用惯、用熟了的非活跃隐喻，又有比较新鲜的活跃隐喻。因为它们都来自翻译历史，所以大部分的隐喻恐怕列入了非活跃一类，因为它们在翻译界已经众所周知。不过，如若今人还能创造新鲜的隐喻的话，作为一种认知手段，它们必将继续为我们认识、理解翻译提供帮助。

（四）小结

通过以上的分析，我们可以得出结论，不论是从形式上还是功能特征上，隐喻都是人类认知的方式和手段。一言以蔽之，隐喻本质上是一种认知现象。隐喻这种认知的特性正是我们产生研究兴趣的出发点，我们就是要通过对翻译研究中出现过的隐喻进行分析来更进一步对翻译作全方位、多角度的认知。

三、翻译中的隐喻

（一）翻译定义中的隐喻

高僧赞宁（919—1001）在《宋高僧传》第一卷《译经篇》的第一篇《义净传》的最后写道："译之言易也，谓以所有易所无也。譬诸枳橘焉，由易土而植，橘化为枳。"（转引自陈福康，2000: 38）这是巧用典故，借以说理的妙喻。可以解释现代翻译理论中"意义流失"或"意义增损"的现象。难怪有学者（张经浩，2006）提出批评，称今人太多注目于西方，而忽略本土理论研究，有崇洋媚外的嫌疑，因为这样一个隐喻事半功倍地揭示出了翻译的本质。赞宁的另一个比喻在《译经篇》的第三卷中讲出："懿乎东汉，始译《四十二章经》，复加之为'翻'也。'翻'也者，如翻锦绮，背面俱花，但其花有左右不同耳。由是'翻''译'二名行焉。"（同上：39）钱钟书说："这个比喻使我们想起堂·吉诃德说阅读译本就像从反面来看花毯。"（1997: 271-272）根据钱先生考证，堂氏的这句话，是出自1591年两个西班牙翻译家之口。由此可见，赞宁提出这个妙喻比他们早了600多年。

曾虚白用过一个把翻译比作"音板"（转引自陈福康，2000: 319）的隐喻，意思是表达就如同是"回音"（echo），音声的传递强弱虽异，而本质相同。这与现代西方翻译理论中提到的message（Nida，2001）传递实质上就是一回事。若不用隐喻说法，那翻译最直截了当的定义，我们认为，也许就是语出唐·贾公彦《周礼义疏》中的说法了："译即易，谓换易言语使相解也。"（转引自陈福康，2000: 3）这个定义不仅道出翻译的方式，即"换易言语"，而且道出了翻译的功能，即"使相解"。除此之外，它似乎以"言语"（speech）而非“语言”（language）这样的用词，说明了当时的翻译活动主要是“口译”活动。这个定义确实是言简意赅，直指本质，几乎可以认为是科学的周全的定义，与现代翻译理论提出的任何定义相比毫不逊色。

（二）翻译目的、功能中的隐喻

林纾在《译林叙》中说过这样的一段话，其中包含两个隐喻：“大涧垂枯，而泉眼为涸，吾不敢不导之；燎原垂灭，而星火犹爝，吾不能不燃之。”（转引自陈福康，2000: 123）这里他用“水”与“火”两个隐喻，以激越的言辞表述了他做翻译的目的。在他大量的译作序跋中，尤其是在他辛亥革命前的译作序跋中，有关译学思想的论述都是集中在翻译的目的功能上的。在近代翻译家中，他也许是作如此强调最多的一位。简言之，在他的译论中，爱国与救世是一以贯之的主题。

类似于林纾的还有周氏兄弟，在他们看来，翻译的目的是要“采撷异域文苑中富有新思想的佳作，使之移植华土，以期生根开花”。（转引自陈福康，2000: 165）这里的隐喻是将“思想”比作“花草”而将其“移植”，颇为形象生动，一语中的。茅盾（1954）也用了一个隐喻，将翻译外国的文学成果当作“我国人民文化生活中不可缺少的精神食粮”，（同上，373）尽管“精神食粮”这个隐喻已经大众化，并无太多新鲜感。

（三）有关译者的隐喻

关于译者的隐喻，译界所熟知的莫过于将译者比作“一仆二主”了，他所要伺候的既是原作者，同时又是读者。按现代国外翻译理论，恐怕又要加一主了，即文本学派所谓的“文本”（text）。不过，现代的译者身份地位有了很大的提高，他已不再是“仆人”了，他简直就是他自己的“主人”了（许钧，2004）。历史上，高僧赞宁在论述完翻译方法的“六例”后，继续指出“凡诸类例，括彼经诠”，译者在翻译时必须全面了解，融会贯通，不然就会出现“解者不见其全牛”的情形（转引自陈福康，2000: 41）。这里用了《庄子》的典故，是一个很好的隐喻，译者比作解牛之庖丁。译者不能“斤斤于字比句次”，要“将全文神理于心”（严复1895年《天演论》的《译例言》，同上：170）。译者若果真对所译之文有庖丁对牛之能，那将是译界一位巨匠、奇才，因为这位庖丁“手之所触，肩之所倚，足之所履，膝之所倚，砉然响然，奏刀騞然，莫不中音。合于《桑林》之舞，乃中《经首》之会”，真不愧“神乎技矣”。(《庄子》)这个比喻也可视为对译者作出的要求，译者首先要具备两种语言文化的深厚基本功这个“技”，再加一定的翻译理论作指导，方可完备。正如梁启超所说：“凡译书者，于华文、西文及其所译书中所言专门之学，三者具通，斯为上才；通二者次之；仅通一则不能以才称矣。”（1935: 119）优秀的译者其实是一个通才、全才。

茅盾（1954）的隐喻是将译者比作“演员”。他说：“翻译过程中，把译者和原作者合二为一，好像原作者用另一国文字写自己的作品。这样的翻译既需要译者发挥工作上的创造性，而又要完全忠实于原作的意图，好像一个演员必须以自己的生活和艺术修养来创造剧中人物的形象，而创造出来的人物，又必须完全符合于剧本作家的原来的意图一样。这是一种很难的工作。”(转引自陈福康，2000: 376)确实，这样是很难做到的，翻译尤其如此。演员陈晓旭扮演的林黛玉已经很好了，大多认为基本符合了曹雪芹笔下的人物形态，而尚且有人说不像，经过翻译后的人物形象就更难和原作中的那个人一模一样了。如果批评家以此作为衡量翻译的唯一标准，那极而言之，只好不翻了。傅雷（1957）将译者比作代言人（speaker），他说：“文学家是解剖社会的医生，挖掘灵魂的探险家，悲天悯人的宗教家，热情如沸的革命家，所以要做他的代言人，也得像宗教家一般的虔诚，像科学家一般的精密，像革命志士一般的刻苦顽强。”（同上，388）近人余光中（1999: 144）是将译者比作“巫师”，说：“原作者是神灵，译者是巫师，任务是把神的话传给人。翻译的妙旨，就在这里：那句话虽然是神谕，要传给凡人时，多多少少，毕竟还要以人的方式委婉点出。”这句话颇为形象地道出译者的处境，即介于神、人之间，既要“通天意”，又要“说人话”。上述各家不仅道出译者的职责任务，或说对译者的要求，而且也涵纳了身为译家背后的甘苦经验。

（四）翻译效果评价的隐喻

道安在《比丘大戒序》中反对翻译佛经删繁就简时，提出评判：“将来学者审欲求先圣雅言者，宜详览焉：诸出为秦言，便约不凡者，皆葡萄酒之被水者也。”此喻与宋释道郎《大涅槃经序》中所说颇相类：“随意增损，杂以世语，缘使违失本正，如乳之投水。”钱钟书于《管锥编》中对此论曰：“雨果谓翻译如以宽颈瓶中水注狭颈瓶中，傍倾而流失者必多；“酒被水”、“乳投水”言水之入，此言水之出，而“失本”惟均，一喻诸质，一喻诸量也。”（转引自陈福康，2000: 15）当代文学家、翻译家郭沫若（1954）也用到类似的一个隐喻，颇为有趣。他说：“一杯伏特卡酒不能换成一杯白开水，总要还他一杯汾酒或茅台，才算尽了责。假使变成一杯白开水，里面还要杂些泥沙，那就不行了。”（同上：404）这段话表达了两个方面的意思，一是关键的“质”必须保留，不容改变；二是批评了劣译、错译。

傅雷（1951，《高老头重译本序》）在谈翻译效果时说：“以效果而论，翻译应当像临画一样，所求的不在形似而在神似。以实际工作论，翻译比临画更难。”（同上：391）临画的比喻虽非自傅雷始，但这段话成为后来文学翻译界所推崇的“神似论”所依据的出处。即使今天，一般认为，处理文学文本还是要将神似放在第一位。

钱钟书（1998: 270-273）评价好的译文是用了“投胎转世”（transmigration of souls）隐喻说法，“躯体换了一个，而精魂依然故我”。继而在讨论译作时，他又用了一对隐喻词，“居间”和“离间”，坏的“翻译不是居间，而是离间，摧毁了读者进一步和原作直接联系的可能性，扫尽读者的兴趣，同时也破坏原作的名誉”。这一组词风趣地利用“居”和“离”跟“间”的搭配，将好的译作和坏的译作区分开来，指出“拙劣晦涩”的翻译，就效果而论，就如同是令人生厌的一位专门破坏朋友间、亲人间感情的小人、阴谋家。

有趣的是，在西方也有类似的隐喻说法，将不好的译本呼曰a stewed strawberry（Nida, 2004: 1），stew义为“炖”、“煮”，既然the strawberry被“煮过、炖过”，其能有味乎？当然，“味”为何物，尚须展开讨论，要涉及文体学和读者的欣赏水平及品位等因素。

（五）翻译过程的隐喻

如果把动词隐喻也计算在内的话，下例即相当有趣：谈到对原作的操纵（manipulation）时提到梁启超评论鸠摩罗什的做法：“什译虽多剪裁，还极矜慎。”（转引自陈福康，2000: 17）这里“剪裁”二字，便是颇有意思的隐喻。因为剪裁多用于指对树木花草的修整，使其悦人目。后又有“斫雕”（同上：32）的说法，表述不同，其义则一。又一例语出玄奘，他在《大唐西域记》书末《记赞》中也用了“裁”、“削”、“调”等字眼，“传经深旨，务从易晓”，说出对所译文本的处理手法。（周国林，2002: 714）这与现代翻译理论中操纵说、读者反应说（reader response）和近来韦努蒂（Venuti, 2004: 19）提出的“暴力”论（violence inherent in the translation process）不谋而合，堪称为现代理论的历史注脚。同时也说明绝对的“忠实”自古以来就是不现实的“水中月”、“镜中花”般的理想。佛经这样神圣的文本（称“圣言”、“天语”，转引自陈福康，2000: 31），尚且有此剪裁余地，而况文学文本呢？这也是否从另一角度证实，为“悦目”起见，对文学文本的“剪裁调雕”可以更为自由一些呢？这里让我们再顺便提一下英国翻译历史上的一个例证。《欧洲杂志》（*European Magazine*, 1792）在评论翻译家泰特勒对拉丁经典的译文时用了一个有趣的隐喻，说他的译文是对“古董雕塑的粉刷”（gilding of statues of antiquity: 188, 见Venuti, 2004: 74），这个观点完全可以看作是对许渊冲（2000）提出的“美化”理论的支持，因为粉刷过后，雕塑自然就焕然一新，看起来靓而入目了。

另一个隐喻是在周作人答复张寿朋的《文学改良与孔教》时顺便带出的，他说：“至于“融化”之说，大约是将它改作中国事情的意思，但改作以后便不是译本；如非改作，则风气习惯，如何“重新铸过”？”（转引自陈福康，2000: 169）此处“融铸”的隐喻正好说明译者翻译的过程，“融”就是要将原文完全消化，“铸”就是要以译文“重建”原文的意义。这跟现代西方译论中提到的decode and encode不就是一回事儿吗？看来我们对一样事物的看法，不论中西，其实往往基本上都是殊途同归的。又，余光中（1999: 143）将翻译喻作“婚姻”，说它是“两厢妥协的艺术”。此话颇中肯綮，因为它说出了翻译过程的总原则，即译者对待原文和译文的态度不可“东风压倒西风”，任何抑此扬彼的做法势必伤及另一方，不苦心经营、适当妥协让步，那“婚姻”也就难以维持，译品也就难臻上乘。

（六）翻译功能意义中的隐喻

一般认为，翻译活动是有价值的活动，人类交往离不开它，国家文化交流也对其不可或缺。不过曾经有人就对翻译作过批评。1921年，郭沫若写的一篇文章中用一对有趣的隐喻表达了他对翻译与创作孰轻孰重的思想。他这样说："我觉得国内人士只注重媒婆，而不注重处女；只注重翻译，而不注重产生。"（转引自陈福康，2000: 217）他说此话自然是有其背景的，因为这是在与郑振铎论争时的发言，矫枉过正，可以理解。不过，20世纪20年代正是我国新文化运动如火如荼进行的年代，封建的旧的一切都似乎需要摧毁颠覆，那么怎样建构新的文化思想体系呢？恐怕非借翻译这块"他山之石"莫属。正如后来郑振铎（1923）用过的另一个隐喻——"奶娘"，翻译外国文学，那时就是在向国内输入"新鲜乳汁"。（同上，219）所以我们认为，那时的翻译地位应当放在第一位的，而今天的国内形势则相反，翻译好像只是补充，更大的成分需要我们国人去创造。当然，翻译不是"单行道"，随着我国文化的国际地位逐渐突出，我们还是离不开翻译活动来将我们文化中的优秀成分输出去的；"双行道"是正常的，是合理的，唯有来来往往，才可以使得国际交往日益频繁，人类作为一个大集体才可以共享文明成果，共同双赢发展。

无独有偶，朱自清（1919）曾把翻译比作"介绍外国文化到本国里来的第一利器"，（同上，249-250）由此可见，在他的眼里，翻译的价值似乎更为重要，要用以对旧事物痛加杀伐剔除，非如此新生命不可以自由成长。

（七）有关翻译方法的隐喻

1922年，郭沫若在《批判〈意门湖〉译本及其他》这篇文章中指出："我们相信译诗的手腕决不是在替别人翻字典，决不是如像电报局生在替别人翻电文。……翻译散文诗、自由诗时自当别论，翻译歌谣及格律严峻之作，也只是随随便便地直译一番，这不是艺术家的译品，这只是语言学家的翻译了。我始终相信，译诗于直译、意译之外，还有一种风韵译。"（转引自陈福康，2000: 260）这里他作批评时用了两个比喻，"翻字典"和"翻译电文"，我们认为如此方法对于诗歌翻译来讲是不适宜的。同年，他继续用了另外一对隐喻来继续批判，"译诗不是鹦鹉学话，不是沐猴而冠"。（同上，261）现代一般认为，译诗恐怕是各种文体中manipulation最明显、最自由的翻译手法。

而且翻译虽同临画一样，重在摹拟，可是"一张画的原本临本用的都是同样的笔刷颜色，一本书的原文与译文用的却是极不相同的语言文字，因工具的不同，而方法也就大异"。（陈西滢，1929, 转引自陈福康，2000: 322）这个类比对我们也是颇有启发的。既然是两种语言的转换，变通自然不可避免，所以不能片面用西方语言学的某些理论（主要指句法）来要求汉语的趋同，似乎汉语、中文只有欧化了才能表达某某意思。

林语堂（1933）在《论翻译》中谈到文学翻译方法时说："须把翻译自身事业当作一种艺术。"（转引自陈福康，2000: 331）言外之义，艺术是需要个性的，是需要创造的，不同于应用文翻译，着重点放在信息的准确上。

谈到翻译方法时，钱钟书（1998: 270）打了两个比方，"一种是'欧化'，尽可能让外国作家安居不动，而引导我国读者走向他们那里去，另一种尽量'汉化'，尽可能让我国读者安居不动，而引导外国作家走向咱们这儿来。从最初出发以至终竟到达，这是很艰辛的历程。"这两个比方所讲的道理不正是现代理论中所谓的foreignization（异化）和domestication（同化）吗？

（八）有关复译的隐喻

1935年，鲁迅写了一篇专论《非有复译不可》，论述了复译的意义，而且提出了"非有不可"的必要性。为了说明问题，他用了有趣的比喻说法，"唯一的好方法是来一回复译。譬如赛跑，至少总得有两个人，如果不许有第二人入场，则现在的一个永远是第一名，无论他怎样蹩脚。"（转引自陈福康，2000: 303）这样的一个譬喻，"一锤打在钉盖上"（hit the nail on the head），实在是比说一大堆道理要省事且效果好的，事半之而功倍之。

（九）有关翻译的难处的隐喻

有关翻译之难的隐喻，译界所熟知的就是德莱登（Dryden1680，转引自Nida, 2004: 18）所谓的"戴着镣铐在钢丝上起舞"（dancing on ropes with fettered legs）了吧，而且，还追加一句，"就看能否跳得优雅自如"（gracefulness of motion is hard to be expected），他以此喻来点出译匠们要具备高超技艺，既走得钢丝，又要得心应手、游刃有余，不显现出顾此失彼、捉襟见肘的窘态。历史上，翻译也常常被认为最是一件吃力不讨好的事，功力稍微有一丁点欠缺，便会贻笑大方，而言不尽意的矛盾更是贯穿着翻译事业的始终。鸠摩罗什对此十分清楚，他曾向弟子解释道："天竺国俗甚重文制，其宫商体韵以入弦为善。凡觐国王必有赞德，见佛之仪以歌叹为贵，经中偈颂皆其式也。但改梵为秦，失其藻蔚，虽得大意，殊隔文体。有似嚼饭与人，非徒失味，乃令呕秽也。”（转引自陈福康，2000: 17-18）虽然难，但经过罗什努力，他的新译却得到了历史上人们的交口称赞。

翻译的难处还可以在同文学创作的对比中表现出来。曾虚白（1928）在自己《翻译的困难》中指出：“我们比仿拿摄影术来做文学的比例，创作是直接取景，翻译却是翻版。创作家的镜头要对准了自己幻想造成的空中楼阁，配光圈，测距离；手段高明的自然像摄影名家一样，洗出来的片子张张都能充分表现摄景的精神，在文学上这就叫作个性的实现。翻译家镜头的目标却不能求之于我了；他的摄景是人家已做成的片子，要他照模照样地再翻一张出来。负者充分模仿人家个性的使命，却时时刻刻提防着自己的个性钻出来胡闹。”（同上，315）这里用“摄影术”来作比喻，可算是较为充分适宜地指出创作与翻译的本质不同点，从另一方法也间接道出翻译的难。曾经多少人批评，说某某翻译家的译作如何带着他自己的个性特色。我们认为这是最自然、最不可避免的，因为无论是多高明的译家他都在学习成长中形成了自己认识世界、表现世界的一整套知识体系和结构，达到纯粹“无我”的境界恐怕只是空想而已。叫傅雷成为完全的法国人，叫Giles成为中国古代诗人这都只能是苛求，是不现实的。文学翻译批评不能局限于针对细枝末节的对等，也不能一味要求译者丧失个性，耻于创作。有时创作甚至是必要的。西方在谈到文学翻译时不也有“创造性叛逆”（creative treason）（许钧，2003）的提法吗？对不懂原作的读者来讲，他也只能通过看译作来了解外国作家了，最稳妥的办法或许是对比着多看几家、几种同一原作的译本，这样效果也许会更好些。

（十）其他

尽管此小节所举的隐喻不完全与翻译直接挂钩，但其所阐发的道理却与翻译息息相关。比如“正所谓书中有舌，如获面谈。”（出自法国传教士冯秉正等人注译的《盛世刍荛》1733年）中卷首的《仁爱引言》，转引自陈福康，2000: 50）一句，就是主张译文要应用中国的“俗语常言”，这样可使“经旨远达”。“书中有舌”这一隐喻说得形象生动，面对面交谈当然大多不会晦涩难懂，除非讲话者要故弄玄虚、炫卖学问。这与我们现代译论中所讲不谋而合，译者应依读者的不同而选择相宜的翻译手法和文体，而不是不顾读者欣赏水平，一味求雅、求深，拒绝普通读者。

严复在1902年与梁启超讨论其所译《原富》的一封信中，提到一个有关“文辞”的隐喻。“文辞者，载理想之羽翼，而达情感之音声也。”（转引自陈福康，2000: 109）这里的文辞即今之文体之谓，英文中所谓style，严复以渊雅之笔为文，事出有因。他分析当时能左右舆论界甚或政界的都是士大夫阶层，因为家庭和学校教育的基础，他们所阅读的自然是古雅文言，而桐城派文体在当时尚颇有影响，于文界有一席之地。这其实正说明严复作为译者心中时时想着他的“目标读者”（target readers），恰恰是唯其古雅，反而易达。当时和现代都曾有人批驳他“太务渊雅”，实在是“求全”之举，没有很好理解他的出发点。

另一隐喻将“通语言文字而不读其书”的外语学习者比作“不过一鹦鹉耳”。（梁启超1902在他自己主编的《新民丛报》上发表的《东籍月旦叙论》中所言。转引自陈福康，2000: 102）同样，此隐喻一针见血地指出，语言扎根于文化，要想彻底掌握一门外语，非读其各类书籍不以为功；因为书中自然而然地会包纳此一语言所属民族的历史、哲学、政治、宗教、文学等，不读不足以深入了解。类此的另一隐喻是胡怀琛（1886—1938）在论译诗时提到的，“昔某君尝为予言：学一国文字，如得一金矿。其言谐而确。然余谓：既得金矿尤当知锻炼，不然金自为金，何益于我哉！此言然否？愿质之通人。”（同上，2000: 192）我们完全同意他的论述，学外文时一定花工夫进行“锻炼”，使其“金”为我所有；而非浅尝辄止，略通皮毛。

有关翻译的效率和规模，董秋斯（1959）说过一个有趣的隐喻，“我们的翻译工作就要脱离以往的手工业方式，而进入现代化。”（同上：366）这里的“手工业”显而易见是相对于机械化生产而言的，他说这话的时候我国尚无电脑翻译软件，估计是指译者的分工合作，这样就可以提高效率、扩大规模。如果是科学领域的知识技术引进，这样的翻译方式尚可；但像有人提出的文学作品也可以分工合作，我们认为是不该提倡的，尽管理由是大部头的作品，个人承担翻译力有不逮。几人合作，风格迥异，意味不一（discontinuity），即使有统一的翻译原则也难免读者有读高鄂续红楼梦后四十回般的遗憾，尽管高鄂的续本已可算是众多续本中最为突出的了。

四、结束语

本文中所举隐喻例子，有些似乎已经不很新鲜，甚至有人会认为不具有比喻性了，是日常生活中即可见到的说法，这也是再正常不过的，因为隐喻本身就是一个新而旧的过程。文中有些隐喻，其实原话中就是明喻，并非严格意义上的隐喻，因为在上文中我们用是隐喻宽泛的概念，所以也权且当作隐喻引用过来。

翻译研究可以通过多种视角，本文只是选了其中的一个角度，通过研究思考这些比喻的说法，我们可以对翻译的方方面面有更进一步的认识。

让我们以赖恬昌（1986, 转引自陈福康，2000: 440）的一联作为本文的结束：中译英诗，如着马褂长衫，带红领拖翎，醉跳华尔兹舞；西翻韵句，如穿燕裁礼服，佩黑身蝶结，闲看三叠飞泉。这句话真正道出了翻译的真谛，因为极而言之，任何翻译都是一种“必要之恶”，一种“无可奈何的替代品”。（余光中，1969, 转引自陈福康，2000: 443）

参考文献

[1] 陈福康：《国译学理论史稿》，上海外语与教育出版社 2000 年版。

[2] 陈鼓应：《庄子今注今译》，中华书局 2001 年版。

[3] 梁启超：《西学书目表后续》，见《饮冰室合集 · 文集》第 1 册，中华书局 1936 年版。

[4] 钱钟书：《钱钟书散文》，浙江文艺出版社 1998 年版。

[5] 束定芳：《隐喻学研究》，上海外语教育出版社 2000 年版。

[6] 许钧：《创造性叛逆和翻译主体性的确立》，载《中国翻译》，2003 年第 1 期。

[7] 许渊冲：《新世纪的新译论》，载《中国翻译》，2000 年第 3 期。

[8] 余光中：《余光中选集》第 4 卷，安徽教育出版社 1999 年版。

[9] 张经浩：《主次颠倒的翻译研究与翻译理论》，载《中国翻译》，2006 年第 5 期。

[10] 周国林：《大唐西域记注译》，岳麓书社 2002 年版。

[11] Lakoff, G. &Johnson, M, *Metaphors We Live By,* Chicago: University of Chicago Press, 1980.

[12] Lakoff, G. &Turner, M, *More Than Cool Reason: A Field Guide to Poetic Metaphor,* Chicago: University of Chicago Press, 1989.

[13] Nida, Eugene A, *Language and Culture: Context in Translating,* Shanghai: Shanghai Foreign Language Education Press, 2001.

[14] Nida, Eugene A, *Toward a Science of Translating,* Shanghai: Shanghai Foreign Language Education Press, 2004.

[15] Venuti, Lawrence, *The Translator's Invisibility,* Shanghai: Shanghai Foreign Language Education Press, 2004.

图书在版编目（C I P）数据

中译外研究. 2014 年第 1 期/ 王铭玉主编—北京 ：中央编译出版社, 2014.3
ISBN 978-7-5117-2013-9

Ⅰ. ①中… Ⅱ. ①王… Ⅲ. ①汉语－翻译－文集Ⅳ. ①H159-53

中国版本图书馆 CIP 数据核字(2013)第 318066 号

中译外研究. 2014 年第 1 期

出 版 人：刘明清
出版统筹：贾宇琰
责任编辑：杜永明
责任印制：尹　珺
出版发行：中央编译出版社
地　　址：北京西城区车公庄大街乙5号鸿儒大厦B 座（100044）
电　　话：（010）52612345（总编室）　（010）52612341（编辑室）
（010）66161011（团购部）　（010）52612332（网络销售）
（010）66130345（发行部）　（010）66509618（读者服务部）
经　　销：全国新华书店
印　　刷：北京印刷一厂
开　　本：787 毫米×1092 毫米 1/16
字　　数：206千字
印　　张：14
版　　次：2014 年3月第1版第1次印刷
定　　价：49.00 元

网　　址：www.cctphome.com　邮箱：cctp@cctphome.com
新浪微博：@中央编译出版社　微信：中央编译出版社（ID: cctphome）

本社常年法律顾问：北京市吴栾赵阎律师事务所律师　闫军　梁勤